El Social Media no es una acción de quita y pon

ISBN-13: 978-1484813102
ISBN-10: 1484813103

Texto: Tomás Loyola Barberis
Revisión y edición: TLB Comunicaciones
Portada: TLB Comunicaciones
Foto tenedor: fotoall

ÍNDICE

PRÓLOGO

Llevaba tiempo pensando en publicar este libro, pero no encontraba el momento para hacerlo. No obstante, las ideas llegan cuando tienen que llegar y, en una sesión de trabajo, descubrí que el libro ya estaba prácticamente escrito y que solo requería dedicarle la atención suficiente para corregir viejos contenidos, actualizarlos, y redactar otros nuevos que trajeran este libro a la actualidad.

Hace más de un año que escribo sobre Social Media y su repercusión en los distintos (¿o iguales?) ámbitos profesionales en los que me muevo: Comunicación, Periodismo, Atención al cliente y Redes sociales. Desde el blog de TLB Comunicaciones (www.tlbcomunicaciones.com) he estado dedicando buena parte de mi tiempo a defender la labor de los profesionales 2.0 y a abrir nuevas puertas de cara a un futuro que, a pesar de los grandes avances, es todavía incierto.

Si bien es cierto que España ha dado un salto importante en cuanto a la perspectiva de esta labor, todavía hay una deuda vigente con los profesionales del Social Media: el reconocimiento de su trabajo como una herramienta transversal y fundamental en el entorno de las empresas, independientemente de su tamaño.

A lo largo del libro, que he dividido en 6 capítulos (Social Media, Actitud 2.0, Contenido, Comunicación, Atención al Cliente y Humor 2.0), abordaremos este tema desde distintas perspectivas y posiciones, intentando dibujar un mapa lo más completo posible (siempre a cuenta de nuestras propias limitaciones), para que podamos mantener y mejorar la discusión al respecto desde las distintas plataformas y tribunas de las que actualmente disponemos, y de las que puedan venir en el futuro.

Es esta una obra que recopila, resume y relanza los contenidos abordados en el blog de TLB Comunicaciones, poniendo sobre la mesa aquellos temas que necesariamente afectan nuestro trabajo y también, cómo dudarlo ya, nuestro ámbito privado. Espero que lo disfrutéis y que podamos seguir hablando en el futuro.

Tomás Loyola Barberis

tomasloyola@tlbcomunicaciones.com

SOCIAL MEDIA

Por qué y para qué del Social Media

Antes de pensar en cómo hacer su campaña de Social Media o de plantearse la opción, lo mejor es preguntarse por qué y para qué la quiere.

¿Por qué quiero una campaña de Social Media?

Para posicionar una marca, una imagen, un servicio o un producto; para darse a conocer; para ampliar el número de usuarios de la comunidad; para buscar, en suma, una consolidación en un mercado cambiante y volátil, donde hay cada vez mayor oferta y donde, al menos por ahora, la demanda parece escasear en muchos ámbitos. Pero este por qué tiene que ir más allá de esta declaración de intenciones, porque estas medidas pueden cubrirse, también, a través de otros canales. Y entonces entran las segundas razones que, todavía, tienen mayor peso incluso que las primeras: porque quiero apuntar hacia un comercio on-line; porque quiero desarrollar un modelo de negocio donde la estrategia se centre en la Red y en sus posibilidades; porque mi público objetivo está principalmente en Internet, y un largo etcétera.

Es llegado ese momento cuando de verdad uno comienza a ver más claramente las razones. Y todavía se pueden argumentar muchas cosas más, pero eso se puede postergar para las siguientes etapas de desarrollo de la estrategia de comunicación en Internet y en redes sociales.

¿Para qué quiero una campaña de Social Media?

Esta pregunta debe centrarse en los objetivos específicos, en lo que queremos conseguir con cada acción. ¿Quieres estar en Facebook para duplicar tus ventas? ¿Quieres entrar en Twitter para generar conversación? ¿Quieres una página en Pinterest para utilizarla como escaparate? Dependiendo de las preguntas y de los objetivos planteados, se podrá planificar un "paso a paso" de la estrategia, cuidando de no incurrir en errores de campañas inabarcables y sin sentido, para centrar las fortalezas y los recursos en las más adecuadas, en concordancia con los intereses previstos.

¿Qué quiero decir con esto?

Pues nada más y nada menos que la inversión en una campaña de Social Media no siempre es absolutamente necesaria e imprescindible, a no ser que haya un objetivo claro y una propuesta analizada de los pasos que se darán, los recursos disponibles y de la forma en que se abordará su desarrollo. Lanzarse a ciegas a la Red no es más inteligente que lanzarse al vacío sin red. El efecto, incluso, puede ser devastador si antes no se ha previsto el escenario, el plan de acción y se ha dejado espacio para la redirección del planteamiento en caso de que algo altere los resultados esperados.

Estar en Internet por estar es lo que genera una imagen negativa de lo que debe ser la comunicación 2.0 y el Social Media (sí, ese con mayúsculas). Si no se acomete el plan de acción on-line de la manera adecuada, los resultados pueden no llegar o ser negativos. Por ello es indispensable contar con un plan previo, un estudio crítico y una serie de condiciones que, como mínimo, deben responder a las preguntas que citamos más arriba.

Desprecio al Social Media

El diseño de una campaña de Social Media no es tarea fácil y mucho menos lo es su puesta en marcha, así como la obtención de los resultados esperados. Requiere una labor de investigación fuerte y una apuesta por un canal de comunicación que resulta nuevo para muchas empresas y proyectos. No obstante, en los tiempos que corren, es indispensable contar con una presencia on-line fuerte por varias razones:

1.   Es más fácil de monitorizar que otros planes de marketing tradicionales (prensa, televisión, radio, publicidad, etc.)

2.   Resulta más económico que otros.

3.   Reconducir la estrategia implica menos esfuerzo y, por lo tanto, menos gastos.

4.   Su capacidad de expansión, si el plan resulta exitoso, es todavía mayor al de otros medios masivos.

5.   Su proyección puede ser internacional, ampliando notoriamente el alcance de la estrategia.

6.   Permite dirigir la conversación hacia los puntos que a la empresa, marca o producto le interesen.

7.   Otorga un feedback inmediato no solo de los resultados, sino también de los propios usuarios.

Y habrá muchas más razones. Es por eso que suelo aconsejar y promover este tipo de estrategias en plena crisis. Si bien es un plan que debe ser entendido como una inversión a largo plazo, los resultados pueden comenzar a verse desde el principio. Y esos resultados, como ya hemos dicho en ocasiones anteriores, no necesariamente pasan por la conversión en compra final de cada uno de los usuarios, sino también por otros valores no monetizables como la confianza, la imagen, la reputación, el posicionamiento, etc.

"It's going to take you months to build a respectable network and start seeing some serious returns for your social media marketing efforts"[1], dice Jerry Battiste en The ABC's of Social Media Management . Pero esto es algo que cuesta comprender.

La semana pasada tuve que explicarle a un cliente que la estrategia que le había diseñado era la adecuada (dos meses de intensa dedicación

---

1   Battiste, Jerry. The ABC's of Social Media Management.

para marcar el territorio y establecer la marca/necesidad, seguidos de un mantenimiento permanente para la consolidación de la comunidad de usuarios), dándole todas las razones por las cuales era el plan necesario para el lanzamiento de su producto. Sin embargo, la razón económica pesó más en su primera respuesta y me dijo: "mejor recortamos, me planteas una estrategia de unas 5 horas en una semana (Twitter, Facebook y blog), vemos los resultados y, dependiendo de las ventas, seguimos con el plan". Es decir, recortaba mi propuesta a menos de un 10% del plan y del coste.

Tuve que respirar profundo, explicarle que ante esas circunstancias lo mejor era no invertir y que no esperase ni de cerca una venta en esos 5 días que proponía. ¡Es un producto de lujo! Traté de argumentarle de la siguiente manera: "Traslada este plan de marketing a los cauces tradicionales. Un spot cutre en un canal de segunda durante la madrugada (que es lo que se puede hacer con un presupuesto así), no reportará muchos beneficios a la empresa. En Social Media es lo mismo... No por ser Internet la filosofía es distinta". De lo que sí estoy seguro es que si le planteo una publicidad en periódicos de tirada nacional y en los principales canales de televisión con un coste que puede ser muchas veces superior al de Social Media, pensaría que es lo adecuado. ¿Dónde está la lógica?

El problema, creo, radica en que todavía se infravalora el poder de las redes para generar negocio, más allá de la presencia, la reputación y de la comunicación con los usuarios. El concepto de que es fácil estar en Internet y de que es algo que puede hacer cualquiera, ha calado mucho más profundamente que el potencial de una presencia diseñada y calculada con precisión en la Red. ¿Cuál será el punto de inflexión que nos permita cambiar esa forma de pensamiento?

Anti-Social Media

Es un hecho: "El 70% de los fans son ignorados por las grandes marcas en Facebook"[2]. Y no lo decimos nosotros, sino un estudio realizado por Socialbakers que establece que las grandes marcas no solo no están aprovechando una dinámica esencial del Social Media, sino que contradicen toda la filosofía que acompaña a una presencia en las redes sociales y en la web. ¿Qué está pasando? Llevamos semanas atendiendo a este asunto y seguimos buscando distintas aristas para acercarnos al problema.

Sin duda que el tema esencial es la ignorancia. Tener a mano una herramienta potencial de comunicación directa con los clientes, no es algo que siquiera se pudiese imaginar hace 50 años. Pero la web social ha llegado y, de momento, parece que para quedarse. No obstante, las compañías están haciendo más bien poco por sacar provecho de ella.

Si bien es cierto que el ordenamiento que ocupan en la tabla no resulta extraño, si nos parece curioso que los medios estén al final de la lista, confirmando que lo suyo sigue siendo efectivamente la comunicación unidireccional. Porque esto no significa que no usen las redes sociales, sino que no generan respuestas a los comentarios de los usuarios. ¿Será ese un error que les costará caro en el futuro?

Jan Rezab, el CEO de Socialbakers, pone el tema sobre la mesa y marca la vital relevancia que tiene la interacción con los usuarios. Rezab afirma que esa interacción es la que permite "crear una relación basada en la confianza, que últimamente se ha posicionado como la más poderosa que podamos imaginar".

Y el error, para Rezab, radica en la obsesión por las métricas cuantitativas que únicamente miden una porción del desempeño de la labor del Social Media, habitualmente ligadas al ROI, a la conversión en ventas o a los clics. Pero eso no ocurrirá si las empresas no son capaces de captar la atención de los usuarios y motivarles a quedarse, a comprar y a volver. Y para eso tienen la herramienta a mano, pero no están sabiendo aprovecharla.

Solo de pensar que 7 de cada 10 preguntas o comentarios en Facebook no son atendidos, se me viene a la cabeza la imagen de una empresa de servicios que no responde al teléfono o al e-mail en la actualidad. Está perdida. Ignorar a los clientes en las redes sociales no solo genera una imagen negativa, sino que predispone a la comunidad de usuarios para que pierdan todo tipo de identificación con la marca o con el producto,

---

2   Social Bakers. http://www.socialbakers.com/blog/656-top-6-most-socially-devoted-industries-and-brands

lo que generará una reacción en cadena en el momento en que surja alguna crisis de comunicación.

Por el contrario, si nuestra comunidad está cerca y se considera escuchada, probablemente paliar el efecto de cualquier crisis será mucho más fácil, incluso hasta se podrá constatar que será la propia comunidad la que se encargue de apagar parte del fuego. Pero si no son capaces de ver y comprender ese potencial, de asumirlo como parte de una necesaria dinámica de acción-reacción-interacción-comunicación que se da en el mercado actual, dadas las cualidades específicas de un perfil de cliente más activo, unas herramientas más democráticas y un espíritu de participación como no se veía hace tiempo, muchos de los esfuerzos (gastos) que se están haciendo actualmente en Social Media son inútiles. Tan inútiles como llevar un teléfono móvil siempre en silencio. Pero seguro que eso le parece impensable a más de uno...

Hay que acabar con esas actitudes anti-Social Media, de aislamiento, de quedarse fuera de la conversación, y apostar por el flujo comunicacional constante y continuado entre organizaciones y usuarios, porque creemos que será la base de la relación entre ambos en el futuro. El B2C deberá apelar a la confianza y la identificación (en suma, a las emociones de los usuarios) para conseguir sus objetivos. De lo contrario, la batalla la tendrán perdida. Quizás el mercado cambie en el futuro, pero ahora el mercado demanda interacción, transparencia y respuestas. Y todas ellas se pueden conseguir a través de una inteligente campaña de comunicación en Social Media. ¿Todavía no te lo crees?

Externalizar o no externalizar

Una de las dudas más comunes a las que se enfrentan las empresas en la actualidad no es solo a la apuesta por el Social Media, sino a la forma de llevarlo a cabo. Quizás confiar en la autoformación y en el descubrimiento a título personal de los entresijos de esta labor no sea un mal camino (todos quienes nos dedicamos a este mundo hemos comenzado de una forma u otra por ahí), pero cuando se trata de una necesidad urgente de poner en marcha el proyecto, quizás la mejor opción para una pequeña o mediana empresa sea optar por la externalización.

Como todas las decisiones empresariales, elegir este camino no está exento de riesgos. Pero tampoco es más riesgoso que decidir externalizar el servicio logístico, la facturación o la gestión financiera. Contar con una empresa externa que haga la labor de Social Media puede tener algunas ventajas (y no lo digo yo, lo dice Jerry Battiste en The ABC's of Social Media Management en el capítulo que dedica al outsourcing[3]):

Solo necesitas contratar al perfil o a los perfiles que estás buscando: un generador de contenidos para web y blog; un social media manager para la gestión y diseño de la campaña.

Podrás construir y diseñar tu web y tu presencia en la Red según las necesidades, sin vaciar tu cuenta bancaria.

Podrás ajustar tu presupuesto a las distintas etapas del proyecto.

Tu comunidad de usuarios se construirá de forma paulatina y estará liderada por un profesional, con lo cual será más fácil de manejar y de monitorizar, evitando pasos a ciegas.

Externalizar no es la versión más barata ni la menos adecuada; simplemente es dejar el trabajo en manos de quienes mejor pueden hacerlo.

Aumenta tu productividad y ahórrate esos minutos que deberías haber dedicado a la construcción de tu comunidad, a la generación de contenidos y a tu presencia en las redes sociales.

Battiste finaliza su exposición diciendo que "cuando se trata de una gestión eficiente del Social Media, y los recursos [económicos, humanos, etc.] son limitados, la externalización cobra mayor sentido". Y coincido con él en que me parece mucho más sensato externalizar un servicio y dejarlo en manos de expertos, antes que seguir confiando en el "sobrino" de turno.

---

3   Battiste, Jerry. The ABC's of Social Media Management.

Terror al Social Media

"Most organizations, however, still view social media as a threat to productivity, intellectual capital, security, privacy, management authority, or regulatory compliance". Así de drásticos son Bradley y McDonald en un artículo[4] publicado en Harvard Business Review el 20 de julio. Pero la realidad va mostrando avances en cuanto a la percepción que las organizaciones tienen acerca del Social Media como herramienta de trabajo o como posibilidad de negocio y ya casi están al 50% las posturas positivas y negativas al respecto. No obstante el camino se me antoja largo y tormentoso...

Todavía hay muchas empresas que desincentivan o directamente prohíben el uso de las redes sociales entre sus trabajadores. Se les considera una herramienta de ocio, inútil y altamente improductiva. Pero, como todo, depende del uso que se haga de ellas. Las redes sociales y las herramientas de Social Media en general se pueden convertir en un aliado indispensable para la supervivencia de tu negocio. ¡Así de claro! Aunque parezca una exageración y aunque haya excepciones, la gran mayoría de los servicios en la actualidad son buscados y contratados a través de Internet: facilita la gestión, permite guardar la información y también otorga una cierta distancia entre las partes. Por lo tanto, cada vez cobra mayor fuerza lo que hace un par de años quizás parecía un absurdo: quien no está en Internet, no existe.

En una de las empresas con las que he trabajado en los últimos años, se creó una base de datos de todos sus contenidos editoriales, con el fin de convertir su principal fortaleza –el contenido- en una fuente de vinculación con su público y con los nuevos usuarios que se viesen atraídos por ese valioso conocimiento. A la vez, instaron a los propios trabajadores a participar activamente de esta nueva red que se abría al exterior. Si bien al principio fue una marcha un poco forzada, al poco tiempo era parte de la rutina diaria de los directores y redactores estar en comunicación con sus usuarios de Internet.

Lamentablemente, la crisis y la necesidad de hacer más con menos han mermado la capacidad de la empresa para responder a una demanda cada día más exigente de su comunidad de usuarios y el portal ha perdido un poco de fuelle en los últimos meses. Sin embargo, su potencial sigue siendo enorme y solo basta un pequeño esfuerzo para recuperar la posición que podría estar perdiendo por falta de visión y sentido del negocio en un nuevo entorno.

---

4   Bradley, Anthony J. y McDonald, Mark P. http://blogs.hbr.org/cs/2012/07/most_organizations_still_fear.html.

Es inevitable que el Social Media provoque miedo: es relativamente volátil y no se rige por números absolutos; es entretenido y está al alcance de cualquiera, aunque requiera necesariamente de una gestión profesional; es nuevo y todavía no ha probado ser LA herramienta del futuro (aunque va camino de ello). Además, requiere una inversión inicial y un mantenimiento continuado, lo que genera preocupación ante la amenaza de una "burbuja" que han creado los escépticos alrededor del sector. Pero no, no está a punto de explotar ni dañará a nadie, simplemente se ajustará dentro de las organizaciones como una vía de comunicación eficaz, rápida, cercana y transparente.

Lo bueno y lo malo del Social Media es que no existen fórmulas predeterminadas. Es decir, nadie tiene el secreto del éxito ni la gallina de los huevos de oro colgando de Twitter. Sí se han probado estrategias y modelos que pueden funcionar para determinados proyectos, pero no han confirmado su efectividad en cualquier situación y ante cualquier conjunto de factores. Por eso, este campo todavía tira mucho de la creatividad y de la capacidad de planificar y replanificar las estrategias adecuadas para alcanzar los objetivos deseados.

Esto le da no solo fuerza a la capacidad transformadora del Social Media en cuanto a la relación entre las organizaciones y sus clientes/ usuarios, sino también a su capacidad para fortalecer los vínculos emocionales, de pertenencia y de identificación que se establecen entre los individuos y las marcas. El Social Media se mueve en corrientes paralelas de acción: emotivas y concretas. Las primeras, hacen referencia a los propios individuos y sus sentimientos; los segundos, porque acoge los tradicionales canales de comunicación y los lleva a una nueva dimensión: local, social y móvil. Por ello, lo mejor que podemos hacer es aprovechar esas ventajas para diferenciarnos y para crear nuestro propio entorno de desarrollo.

Lo confirman McDonald y Bradley: "Any organization can get lucky and have a single successful implementation of social media. Social leaders, on the other hand, build collaborative capability through a learning process that starts with understanding their current attitude and taking the steps required to building confidence and trust. This turns a single social media success into a sustained source of competitive advantage". Pocas veces mejor dicho.

La burbuja del Social Media

¿Es una burbuja el Social Media? ¿De verdad que la profesión de community manager será protagonista del futuro? Este fin de semana tuve una conversación con un buen amigo que planteaba estos cuestionamientos basándose en su criterio particular (sin fundamentos "científicos", digo), un poco mofándose de esta suerte de gran expectación que rodea a este mundo. Debo decir que, por una parte, entendía su posición (y la compartía) y, por otra, sentía que estaba completamente equivocado.

Compartíamos criterio en cuanto al absurdo en que se ha convertido la profesionalización del sector. ¿4.000 euros por un curso? ¿2.000 euros por un fin de semana de congreso? ¿600 euros por un seminario de dos horas? Para mí es totalmente ilógico y pervertido. Creo que hay mucha gente que se está aprovechando de la situación y promoviendo la masificación de una labor escondiéndose en eslóganes como "la profesión del futuro". Me suena al "trabaje desde casa y gane miles de euros al mes". Y no es así. El trabajo en este sector debe ser profesional y requiere, indudablemente, de habilidades y conocimientos previos: comunicación, marketing, gestión, entre otros.

Un curso de CM o SMM puede dar pinceladas sobre las labores y actividades, sobre la puesta en marcha y el día a día de la profesión, pero sin duda no fija ni entrega esas habilidades ni esos conocimientos previos. En ese sentido, sí creo que es una burbuja que terminará por reventar, rebajando la categoría y el nivel de la profesión, pero eso es otro tema.

En lo que no concordaba con mi amigo es en el punto ficticio o exagerado que él imprimía a este trabajo. Según él, cualquiera podía dedicarse a esto simplemente teniendo ciertos conocimientos de redes sociales y un punto de sentido común. Sí y no. Sí, ambos factores son necesarios, pero no son únicos ni definitivos. Además, reducir el trabajo de un experto en Social Media únicamente a las redes sociales no solo demuestra el escaso conocimiento que existe del sector, sino que extiende esa idea de desprecio.

Como ocurre en cualquier otro sector, en el Social Media hay expertos, gurús, profesionales, charlatanes y espejismos. Lo que no podemos permitir es que se minimice la dedicación y experiencia de quienes nos dedicamos a este trabajo, se ridiculicen nuestros esfuerzos y se desprecie nuestra labor de forma gratuita. Y a esto dedicó un post[5] completo Luis García-Rosales donde, después de un análisis del tema, plantea quiénes serán los supervivientes de esta burbuja: periodistas (expertos en comunicación y redacción), profesionales del diseño, la tecnología y del marketing, especialistas en Relaciones Públicas y formadores de calidad.

---

5 http://luisgrosales.wordpress.com/2012/05/21/expertos-en-social-media-la-proxima-burbuja/

Verdades incómodas de los Social Media

Leo un interesante artículo titulado 6 incómodas verdades acerca de los Social Media (Six uncomfortable truths about social media[6]), en el que se recogen 6 mitos comunes en cuanto al uso de las redes sociales como herramienta y a su utilidad profesional, tanto desde el trabajo que se realiza como en los efectos que pueden provocar a la hora de los resultados esperados. Hago un breve repaso de ellos:

Requiere tiempo desarrollar un perfil creíble y positivo, contar con una comunidad de usuarios fiel y dirigir los contenidos hacia los objetivos planteados por la empresa. Una comunidad no se crea de un día para otro y ganar la confianza de la audiencia es una labor muy complicada y que precisa de una dedicación continua por parte de un buen community manager.

No son gratuitas o, al menos, no del todo. Si bien no cuesta dinero hacerse con un perfil en la gran mayoría de las redes sociales, las distintas herramientas que acompañan la gestión de un community manager no tienen porqué serlo. Y son absolutamente necesarias, casi tanto como un buen equipo informático. La medición de resultados, si se quiere segmentada y específica, se debe pagar.

No es marketing directo lo que se hace en las redes sociales, aunque a veces lo parezca. Estar en comunicación con los usuarios no implica que sea una forma efectiva de marketing, incluso puede ahuyentarlos. No se debe abusar de los Social Media en este sentido, porque se pierde fidelidad y credibilidad.

La presencia en los Social Media tendrá problemas y será complicado. No todo será un camino fácil hacia el éxito asegurado. Lo importante es saber levantarse después de cada caída y aprender de los errores para no volver a cometerlos en el futuro. Quien sea capaz de asegurar el éxito porque sí, está mintiendo. Todo dependerá de la capacidad de aprender, de replanificar y reaccionar ante cada uno de los obstáculos que se presenten.

El mejor elemento que nos aportan los Social Media es la posibilidad de escuchar a los usuarios, por dos razones esenciales: por un lado, porque eso nos permitirá conocer de primera mano sus impresiones, necesidades y reclamos; y, por otro lado, porque el hecho de que se sientan escuchados, implica una mayor identificación con la marca o producto, mayor fidelidad y una relación más duradera.

---

6   Street, Chris. http://socialmediatoday.com/chrisstreet/450525/six-uncomfortable-truths-about-social-media

Los Social Media no son la respuesta de marketing para todas las empresas ni para todos los negocios. Quizás si lo puede llegar a ser si la estrategia se deja en manos de un experto community manager que haga más que una simple "radiodifusión" de contenidos, como se hace a través de otros canales, y se dedica a crear desde cero un plan de presencia en las redes sociales. Seguro que su coste es mucho menor que el que implica la pérdida de un cliente.

Si pensamos un poco, estas verdades son muy comunes y más de alguna vez nos hemos tenido que encontrar con situaciones comunes. En mi experiencia, son muchas las ocasiones en las que he tenido que explicar (incluso varias veces en el mismo foro) que es imposible crear una comunidad en dos meses y empezar a ganar dinero en 3, porque si bien Internet es un mercado potencial de negocio, ocurre que no garantiza el éxito y mucho menos cuando no hay una disposición a invertir, a confiar y a mantener un proyecto bien diseñado y coherente en el medio y largo plazo. Cuando esta mentalidad cambie, quizás sea el momento de comenzar a dirigir adecuadamente los negocios y las estrategias sociales.

¿Cómo influimos en los Social Media?

Muchos son quienes se han aventurado a jerarquizar o tipificar el tipo de comportamiento/habilidad que los profesionales de los Social Media tienen. Después de dar vueltas por algunas categorizaciones complejas y detalladas[7], decidí quedarme con las de Lisa Barone (@LisaBarone), que restringe la lista a 5 tipologías:

1. El networker: es aquel community manager (CM) que tiene una amplia red de contactos en todas las plataformas. Es aquel CM que debemos seguir.

2. El líder de opinión: es aquel CM que se convierte en el mejor embajador de una marca, que se ha ganado una fuerte autoridad en un campo determinado basada en la credibilidad. Sus mensajes suelen ser muy comentados y que consigue muchos retweets.

3. El creador de tendencias: aquel que primero aparece en las nuevas redes y está permanentemente buscando nuevas tendencias. Se convierte en un punto importante de su red.

4. El reportero: es aquel que distribuye mensajes y los amplifica desde la web hacia otros medios.

5. El usuario: representa al usuario normal, que no tiene una red tan amplia como el networker, pero mantiene una cierta relevancia.

¿Es alguno de ellos mejor que el otro? Depende de la campaña, de los objetivos propuestos, del tipo de red y de otras muchas habilidades que pueda tener un community manager. Lo importante es, para las empresas, encontrar a la persona que se ajuste al perfil que sea más adecuado para los resultados que esperan obtener; y, para quienes nos dedicamos a esto, que si bien puede ser un plus encajar en una categoría única, a veces es mejor contar con la experiencia y la capacidad para traspasar las etiquetas y plantearnos nuevos desafíos.

---

7   Morin, Raymond. http://socialmediatoday.com/iansmith/448280/five-types-social-media-influencers

El Social Media no es una acción de quita y pon

Seguir creyendo que la inversión en Social Media es una inversión de marketing o de publicidad, es uno de los errores más graves en los que puede incurrir una empresa. Sí, como lo lees. No hace falta que vuelvas a empezar otra vez.

Si bien es cierto que la estrategia y la acción del SM están íntimamente ligadas a la publicidad, al marketing y a la relación con los clientes (la comunidad), debemos asumir que su repercusión afecta a la organización en dos direcciones: desde fuera, en cuanto a la imagen pública y la reputación on-line que pueda tener la empresa; y, desde dentro, en cuanto a la implicación de toda la organización en las acciones de comunicación a través de SM.

Continuemos cavando: la organización entera es rostro y voz a través del entorno social en Internet. Si aplicamos como filosofía la posibilidad y el deber de todas las partes de contribuir a la construcción de una imagen transparente y cercana, será mucho más fácil no solo aislar y minimizar las posibles crisis de comunicación (si hay muchos interlocutores válidos, un error de uno de ellos debería afectar menos a los demás si se aplica una estrategia adecuada, evitando que toda la organización pierda credibilidad), sino también permitirá mejorar notablemente la gestión e interacción con la comunidad de usuarios.

Por ello, el Social Media realmente es parte de la organización completa, y no una acción de marketing puntual que debe ser medida según los estándares que han regido las políticas de publicidad en los últimos 30 años. Una acción de SM no repercute directa y proporcionalmente en las ventas (aunque puede ocurrir en casos excepcionales) ni permite el retorno de la inversión en el corto o medio plazo de una forma contable. El Social Media, en cambio, se convierte en un instrumento que permite a la organización a ser voz y oído de lo que ocurre a su alrededor, a ser principio, medio y final de la conversación con su comunidad; y, sobre todo, a tener información de primera mano. ¿Dejarías en manos de cualquiera esa conversación?

Teniendo en cuenta esto, contar con el SM como un elemento complementario al funcionamiento de una organización, es haberse quedado en la década pasada. Es evidente que, una vez que se entra en el mundo de la interacción social a través de Internet, no hay retorno. Y resulta indiscutible que se ha convertido en una herramienta esencial, mucho más allá de una moda pasajera como se quiso hacer creer en un principio. Por ello, contar con el trabajo de Social Media como un gasto administrativo necesario es la respuesta: no es un complemento prescindible, sino un activo indispensable para el adecuado desempeño de la organización en el entorno actual y en la relación con los usuarios.

No es un elemento que podamos poner y quitar de la gestión según las cuentas cuadron o no, sino que es una necesidad básica y una herramienta de primer orden en el funcionamiento de una organización que quiera sacar provecho de una relación sin intermediarios con su comunidad de usuarios, de la que puede extraer tanto o más valor que de una campaña puntual en medios tradicionales (radio, televisión o prensa escrita). Es tiempo de dejar de entender, lo repito una vez más, la comunicación con los usuarios como un asunto unidireccional con momentos puntuales de feedback (encuestas, focus groups, etc.) y de comprender que nuestro futuro como emprendedores, empresas, organizaciones y personas, está en la forma en que dialogamos con nuestra comunidad, directa y potencial. Si no aprendemos a escuchar además de hablar, nuestro futuro podría verse comprometido.

La respuesta está en saber llegar a las personas no a través de los medios, sino directamente en una relación equitativa, donde el cliente y sus preferencias (que inevitablemente afectarán a su entorno inmediato) deben ser el centro de atención de las organizaciones que estén dispuestas a sobrevivir y a marcar la diferencia en el mercado.

La herramienta es gratis, el trabajo no

La semana pasada participé en una nueva edición de Hacks & Hackers Madrid, que abordaba el tema de los gestores de contenido. Dentro de las muchas cosas interesantes que se mencionaron durante el encuentro, me quedo con una frase de Félix Zapata: "Open source no es sinónimo de gratis". Félix venía a reivindicar el trabajo profesional que hay detrás de la gestión de herramientas informáticas, libres o comerciales, y que merece todo el reconocimiento. Le di un giro a la frase en un tweet, haciendo mención a uno de mis campos de trabajo.

Si bien es cierto que las redes sociales de mayor éxito actualmente son gratuitas, desarrollar una campaña de Social Media a través de ellas es un trabajo profesional que requiere formación, preparación, diseño y experiencia. Nadie nace siendo community manager. Y, aunque todavía parezca difícil creerlo, no es lo mismo ser usuario de Facebook que un gestor de redes sociales. Mi madre, por ejemplo, es usuaria de Facebook. Y se le da muy bien: comenta, comparte, responde, socializa... pero eso no la convierte en community manager, sino en una usuaria medianamente activa.

Muchos creen que como las redes sociales son una herramienta al alcance de la mano (y del presupuesto), el trabajo que se realiza en ellas también debe serlo. Pero aquí hay dos formas de abordar este asunto que es necesario diferenciar:

1. Presencia en redes sociales: abrir un perfil y estar en ellas, actuando, compartiendo y respondiendo a nuestros usuarios/seguidores (en suma, lo que hace mi madre).

2. Estrategia en redes sociales: abrir un perfil y utilizar todo su potencial para obtener resultados según los objetivos que nos hemos planteado, utilizando como herramienta la comunicación, el contenido e Internet (lo que hace un profesional del Social Media).

Precisamente es esta segunda labor la que requiere una formación previa y permanente. La primera la puede realizar cualquiera. Pero, el efecto conseguido por una o por otra, será completamente distinto. Por ello, la inversión en una acción de SM no puede ser cero. Si hablamos de una gestión profesional tiene que implicar un coste permanente que debe estar incorporado dentro del presupuesto general de la empresa (independientemente de su tamaño) y no como una acción periférica que activamos o desactivamos según los vaivenes de la economía.

La presencia en redes sociales y el trabajo de un community manager no es prescindible desde el momento en que se toma la decisión de abrirse al mundo del Social Media. Una vez abierta la puerta, la única forma de cerrarla sin daños colaterales es a través de un proceso profesional de gestión de comunicación y de reputación on-line. Y, mientras permanezca abierta, el flujo de comunicación debe ir en concordancia con los objetivos iniciales, medios y finales; con una estrategia clara de posicionamiento e imagen, así como con un contenido que sea capaz no solo de sentar unas bases sólidas, sino de construir una comunidad en torno a una empresa, organización, producto o marca.

Visto así, seguro que no parece tan simple. Los departamentos de marketing, ventas, comunicación, recursos humanos y gerencia no pueden actuar de forma aislada en cuanto al Social Media. Y esa es la razón por la cual se hace necesaria una integración transversal del community manager dentro de la estructura interna de una empresa, como un elemento fundamental de la organización y no como un accesorio decorativo.

Aunque la herramienta sea gratuita, es necesario comprender la importante labor que le corresponde al profesional del Social Media. Simplemente piensa si dejarías en manos de tu sobrino la publicidad en televisión o en prensa, y aplica el mismo estándar para Internet. Con eso, ya estás dando un importante paso hacia una correcta actitud social en la Red.

Comunicación eficaz con los clientes

"Una cuenta en Facebook no sería útil para nuestra empresa", reconoció el nuevo jefe de comunicaciones de la aerolínea Ryanair, Robin Kiely[8]. Y debo decir que, así vista fuera de contexto, puedo entender su postura y asumirla como coherente. Las redes sociales, como ya lo hemos mencionado en múltiples ocasiones, no son una buena herramienta para todos, porque no solo demandan tiempo, sino también dedicación, responsabilidad y una inversión, aunque esta sea menor. Pero Kiely ofrece un argumento a todas luces erróneo, desde el punto de vista de la estrategia comunicacional y de gestión de las redes sociales, y claramente adecuado desde el punto de vista corporativo: "No lo hacemos porque significaría tener que contratar a dos personas más para estar en Facebook todo el día".

Es verdad que tendrían que contratar a más gente, pero no más de la que ya tienen en los servicios de atención al cliente por vía telefónica. Es más, incluso podría ser más eficiente que la imagen de la compañía, en cuanto al servicio de atención al cliente, se gestionase de forma integral desde un mismo departamento, evitando la duplicidad de cometidos y responsabilidades, además de lecturas e interpretaciones diversas de la filosofía de la empresa, como muchas veces ocurre.

Lo que sí está claro, es que si se abren los canales de redes sociales, estos deben ser atendidos de forma eficiente, porque activar una vía de comunicación con los clientes implica una dedicación permanente a ese canal. Y las redes, sobre todo en una compañía que genera casi toda su actividad en el ámbito on-line, podrían convertirse rápidamente en el principal canal de atención, con un permanente crecimiento.

Abrir un canal en Facebook, como en este caso, implica no solo esa apertura, sino un cambio global de la posición comunicacional de la empresa hacia los consumidores

Cierto es que Kiely no se equivoca en este punto, como tampoco lo hace en el peligro que puede implicar un "ataque" a través de las redes sociales con falsas reclamaciones, situación que puede ocurrir, pero que es fácilmente controlable si hay un equipo de gente preparada para abordar un caso de crisis comunicacional. Y aquí está el centro del problema: contar con un buen grupo de personas. Kiely achaca a la incompatibilidad que esto tiene con la filosofía de la empresa (bajo coste), pero no es del todo cierto.

---

8   http://businessetc.thejournal.ie/facebook-social-media-ryanair-robin-kiely-783104-Feb2013/

Un departamento a cargo de la gestión de redes sociales y de comunicación con el cliente podría ser un puntal interesante para la imagen de la aerolínea (o de su empresa). Primero, por lo que ya comentábamos, que es la centralización de la imagen pública y la comunicación externa; segundo, porque es un servicio que perfectamente se podría externalizar y no tendría que implicar un coste mucho más elevado que un call center. Por último, porque el feedback obtenido de una eficiente relación con los clientes de Ryanair, podría redundar en una notable mejoría de su reputación y permitiría conocer de primera mano las inquietudes de demanda.

Es cierto que el peligro de exposición existe en Internet, y la Red permite un rápido crecimiento de rumores y noticias falsas. Pero también es verdad que una información transparente y una comunicación abierta y eficaz son la mejor herramienta para revertir esa posibilidad. Abrir un canal en Facebook, como en este caso, implica no solo esa apertura, sino un cambio global de la posición comunicacional de la empresa hacia los consumidores, quizás el mayor miedo de Kiely.

Y aquí volvemos a una discusión permanente: tener una cuenta en Twitter o en Facebook no implica tener una presencia en redes sociales. Se necesita un plan y, sobre todo, una actitud. Las redes no son un camino libre hacia el spam, como tampoco debería serlo el correo electrónico, y las empresas deben aprender a dialogar y no a comunicar unilateralmente. Generar conversación, como en cualquier entorno social, tiene sus peligros, pero también un número infinito de ventajas y posibilidades. Todo está en comprender el contexto y actuar de acuerdo a él, ajustando el nivel y el tono de la conversación a las presiones, necesidades, reacciones y características que afecten a este canal.

En cuanto a inversión, esto no implica un desembolso sangrante para las empresas. En el caso de pymes, basta quizás con tener a una persona a cargo de ello o dedicarse ellos mismos de una forma profesional y coherente. En cuanto a las organizaciones más grandes, tampoco es un gasto desmedido contar con un equipo de personas que puedan abordar este cometido. Lo que sí está claro es que el perfil debe ser profesional, ligado al ámbito de las comunicaciones y las relaciones públicas, y con una conciencia clara de lo que significa el entorno social y la conjugación de los espacios reales y virtuales de la conversación con el cliente. Cualquier otro perfil, evidentemente, puede convertir esta herramienta en un potencial peligro de cara a la reputación de la empresa o de la marca.

Redes privadas + Redes sociales: Influencia pura

Dentro de las múltiples actividades que tiene al día un profesional del Social Media, sin duda, está la de buscar la ampliación de su ejercicio de influencia a una comunidad de usuarios cada vez mayor y más fiel. Dicho así, incluso, parece un imposible; pero la práctica ha demostrado, y todos lo hemos vivido de una forma o de otra, que hay ciertas prácticas 2.0 que nos ayudan no solo a fortalecer nuestra reputación y presencia on-line, sino que a fortalecer los vínculos y la identificación con nuestro entorno inmediato de usuarios. Incluso, podemos aspirar a llegar a otros mucho más allá de nuestro alcance evidente.

Kim Donlan, en su artículo The Secret to Becoming A Social Influencer: Private Networks[9], resume muy bien esas acciones diarias que nos ayudan a ampliar el campo de influencia:

- Buscar

- Hacer Clic

- Leer

- Comentar

- Retweetear

- Hacer follow

Pero Donlan va más allá y agrega una acción más (que es el motivo de su artículo): el impacto que tenemos en nuestra red privada, incluyendo en las mediciones de influencia el efecto que causamos en nuestro entorno inmediato (familia, amigos, compañeros de clase o de trabajo, etc.). Así, esas acciones pasarían a ser:

- Buscar

- Hacer Clic

- Leer

- Comentar

---

9   Donlan, Kim. http://socialmediatoday.com/kimrdonlan/495577/secret-becoming-social-influencer-private-networks

- Postear en una red privada

- Retweetear

- Hacer follow

Como personas y, sobre todo como comunicadores, convivimos en dos dimensiones: la social y la privada. Por ello, la medición de nuestro impacto no debería ser medido solo por lo que pueda ocurrir en uno de ellos. Con esto, Donlan viene a decir que debería existir una medición que tuviera en cuenta, basándose en ciertos parámetros, cuál sería el impacto de nuestras acciones en las redes privadas. Y este sería el camino para encontrar a quienes realmente ejercen influencia.

Aplicando esto a lo que veo en Twitter, por ejemplo, no debería parecer más influyente una persona que publica tweets en exceso, sino teniendo en cuenta muchos otros parámetros: la relevancia, el contenido, el impacto, la generación de nuevos contenidos a partir de esa información, etc. Para que nos entendamos, es lo mismo que ocurre con la analítica de estadísticas: no es mejor quien más visitas tenga, sino que a eso le deben acompañar un bajo porcentaje de rebote, el tiempo de permanencia en el sitio, etc.

Por el momento, ninguna de las mediciones parece tener en cuenta una visión más holística y se basa en parámetros métricos más bien lineales, razón más que suficiente para que no nos obsesionemos con las estadísticas y no perdamos de vista los principales objetivos: fidelizar, crear contenidos de interés y alimentar una comunidad de usuarios con esmero y con mucha inteligencia.

Por qué el Social Media no es una burbuja

Según afirma Chris Birk en un artículo[10] publicado en la web de Business to Community, una encuesta realizada por BRANDfog afirma que el 77% (3 de cada 4 personas) se sienten más atraídas a comprar un producto o servicio de una compañía cuyo CEO (director ejecutivo) utiliza el Social Media.

Sí, estoy de acuerdo contigo. A simple vista parece estúpido, porque en el fondo a los usuarios les importa más bien poco o nada lo que ocurra detrás del producto o servicio que quieren comprar. Incluso, muchos no sabemos ni siquiera quienes son los CEO o peor aún las empresas que están detrás de lo que se nos oferta. ¿Cómo podríamos saber finalmente si utilizan el Social Media activamente o no? Bueno, al parecer es que sí se puede saber y, lo mejor, es que realmente se espera que lo hagan.

Tal como dice el jefe de informaciones de SuperValu: "I want to understand it, I want to know it, I want to see what's happening in that media, and I want to see that first hand. Being on Facebook and Twitter, and being active. That is how I learn the media. And that's way better than getting a consultant's PowerPoint on the topic. The best way to know and understand the media is to be in the middle of it"[11]. Es decir, que para conocer realmente el alcance del Social Media hay que adentrarse en él y conocer de primera mano los entresijos de una comunidad de usuarios, de lo que ocurre en las redes sociales, lo que permitirá tener una visión más acertada de su utilidad, su poder, sus capacidades y su necesidad.

Curiosamente, la gran mayoría de las personas que hablan de la burbuja del Social Media, ni siquiera tienen una experiencia de primera mano con él, más allá de alguna cuenta en una de las redes sociales de moda y en las cuales ni siquiera tienen una participación activa. La incapacidad de comprender el potencial detrás de una herramienta tan poderosa como el Social Media no demuestra otra cosa que una total falta de visión ya no solo en las estrategias de negocio, sino en las que respectan al canal de comunicación y al servicio de atención al cliente, por nombrar algunas. Entender al Social Media como una granja de Farmville, es lo mismo que entender a Farmville solamente como un juego más: el reduccionismo imperante en ambas sentencias es muy peligroso, sobre todo en nuestro ámbito profesional.

En otro artículo, D William Jones nos da una pista sobre la relevancia de este tema: "Proper use of Social Media brings with it better reach to

10   Birk, Chris. http://www.business2community.com/social-media/how-ceos-and-other-high-level-leaders-need-to-handle-their-social-media-0217791

11   http://www.forbes.com/sites/markfidelman/2012/04/05/these-are-the-top-25-most-social-cios-in-the-world/

your target market, an increase in brand awareness, and better connectivity with others in your field. The key words here are 'proper use'"[12]. La relación directa con los usuarios y potenciales clientes, abre una puerta nueva de acción, organización, diseño y puesta en marcha de distintas estrategias de negocio, de relaciones públicas, do recursos humanos, de investigación, etc., que antes eran impensables. El poder de ese "uso adecuado" del Social Media es la clave que, por el momento, abre las puertas de las futuras relaciones entre las empresas y los usuarios.

Jones continúa: "Business still have not realized the impact Social has on their Brand and leave their On-line Reputation to the neighbor girl or their administrative assistant with a hands-off approach. Too many people use Social based on what they think they should do, how they manage their own personal accounts, or what some friend or business associate has told them to do. Now, those people may be right, but they may not as well". Y no nos vamos a repetir en esto, pero no todas las estrategias de Social Media son iguales ni los planes de acción que les funcionaron a unos, tienen que funcionar con otros. Es lo mismo que ocurre con las estrategias de marketing y las de publicidad en general: no todas son aptas para todos los públicos ni menos para todos los productos. ¿Por qué reducir, entonces, la capacidad del Social Media a un post, un tweet o un "me gusta"?

El Social Media, bien entendido, es mucho más que una burbuja pasajera a punto de reventar: es una herramienta fundamental en las actuales relaciones que se establecen entre usuarios y empresas. El panorama ha cambiado y resistirse a ello no es más que un fatal error de cálculo. De todas formas, y esto lo hemos dicho antes, entender al Social Media como la única tabla de salvación es darle también demasiada relevancia. En su justa medida y utilizándolo de forma profesional, "el uso adecuado" del que habla D William Jones, es la respuesta: necesitamos el Social Media para entablar una conversación con nuestros clientes y escucharlos. Lo malo es que todavía no vamos por el camino correcto: solo un 16% de los CEO utilizan los Social Media de primera mano y el mercado está esperando una respuesta. ¿Llegará demasiado tarde?

---

12   http://socialmediatoday.com/dwilliamjones/608941/okay-i-own-my-own-business-and-want-go-social-now-what

Plan de Social Media: ¿qué quiero conseguir?

Tener un plan de acción en Social Media, te permitirá plantear los pasos necesarios para conseguir los objetivos planteados. En numerosas ocasiones hemos hablado acerca de la importancia de no entrar a ciegas en las herramientas sociales, ya no solo porque puede resultar contraproducente en cuanto a comunicación, sino también porque requiere tiempo y esfuerzo que, quizás, no tenemos disponibles. Por eso, el diseño de la estrategia permitirá calcular el tiempo que será necesario invertir y, además, dibujar claramente las acciones necesarias para conseguir los objetivos, evitando con esto que nos perdamos en la Red (algo muy fácil, teniendo en cuenta la cantidad de posibilidades que existen).

Una de las quejas más comunes entre las personas que están llevando sus propios planes de Social Media es que no tienen tiempo para gestionar toda la información y para poner en marcha todas las acciones que quisieran. Pero es que, en general, aunque se desenvuelvan de forma correcta en Internet, no necesariamente cuentan con las competencias necesarias para gestionar su estrategia comunicacional, sus relaciones públicas o su reputación on-line; y mucho menos, de tener un diálogo fluido con su comunidad de usuarios y sus potenciales clientes. La razón es que, habitualmente, han entrado en el mundo del Social Media sin un plan, sin unos objetivos definidos y sin haber trazado el mapa a seguir durante el camino. Por eso es tan necesario contar con alguien profesional en este ámbito.

Pero no solo es una cuestión de tiempo, que dentro de lo que cabe se puede llegar a regular con la experiencia, la constancia y las necesidades de cada uno (aunque creo que está comprobado que quienes no manejan bien el tiempo, acaban por abandonar sus acciones en Social Media, que es quizás peor que nunca haber empezado). El otro problema fundamental es hacia dónde dirigir los esfuerzos. La respuesta fácil es a Facebook y Twitter, pero la contestación profesional puede ser completamente distinta. Y dependerá, precisamente, de esos objetivos esperados que necesitas tener antes de comenzar cualquier proyecto. No todas las redes te reportarán beneficios y, quizás, abrir una determinada puerta no sea tan positivo como abrir otra.

Y dejando de lado estos dos factores anteriores (tiempo y estrategia), es necesario sacar a relucir la capacidad de autocrítica y la plena conciencia de nuestras capacidades y limitaciones: ¿tengo la habilidad de escribir y comunicar adecuadamente para un entorno profesional?, ¿tengo los conocimientos suficientes para convertirme en una voz relevante dentro del nicho en que voy a desarrollar mi plan de acción?, ¿podré crear buen contenido y mantener al día las distintas acciones de comunicación que surjan de mi trabajo?, etc. Parece una tontería, pero es una base fundamental de toda nuestra imagen y reputación on-line (y también off-line, por qué no decirlo). Antes de comenzar, debes ser capaz de responder adecuadamente a estas y otras muchas preguntas: si las respuestas negativas son numerosas, lo mejor será recurrir a alguien que tenga experiencia y pueda ayudarte a comenzar.

El plan de acción

Comprar, vender, comunicar, persuadir, generar contenidos, construir una lista de correos, generar negocios futuros, conseguir socios, recaudar fondos, promover eventos, generar conversación, hacer estudios de mercado, escuchar a los usuarios, hablar con ellos, buscar información relevante, manejar la reputación, saber qué se dice de nosotros, etc. Tu objetivo puede ser cualquiera de los anteriores o uno muy diferente. Pero lo importante es tenerlo claro para que sea el eje sobre el cual construyamos todo el proceso de ejecución: el plan en sí, las acciones, el ámbito en el cual no movamos, etc.

Sin embargo, no debemos ser muy ambiciosos en principio y comenzar con uno o dos objetivos realistas bien definidos, poner en marcha el plan y medir adecuadamente el resultado de las acciones emprendidas. Esto no solo nos permitirá redirigir los pasos en caso de error o de no cumplir con las expectativas, sino también nos permitirá conocer mejor a nuestra audiencia y a nuestras propias capacidades, para encauzar de mejor forma los esfuerzos y los limitados recursos con los que contamos: dinero, tiempo, conocimientos, etc.

Haciendo bien estos dos primeros pasos y teniendo en cuenta los factores expuestos anteriormente, el plan de Social Media podrá convertirse en una buena herramienta de trabajo y en una base de lo que será la estrategia de negocio a futuro. Lo importante es hacerlo de forma profesional y de forma permanente, porque los esfuerzos volátiles y sin un objetivo claro, no son más que una pérdida de tiempo. Si no eres capaz de asumir este reto, lo mejor es contar con la ayuda de expertos y que te dejes asesorar. El plan de Social Media es tan relevante como cualquier otro de los pilares que sostienen tu empresa o proyecto.

5 campos donde apostar por el Social Media

En el mundo empresarial es inevitable tener la sensación de que el futuro, al menos tal como lo esperábamos, ya no es el mismo: los mercados fluctúan por razones que antes ni se contaban entre sus factores, los clientes dicen cosas que antes jamás hubiesen dicho, el público toma partido desde aristas nunca pensadas. Todo cambia y es necesario hacer algo para enfrentarse a esta nueva realidad. Y no solo hablo de las grandes empresas: los autónomos y las pymes, curiosamente, han aprendido una buena lección y han comenzado rápidamente a integrarse en este mundo digital, aunque todavía el camino sea largo, empinado y pedregoso.

Lo que sí está claro es que, además de ser eficientes en el mundo del Social Media (¿acaso alguien lo duda?), hay áreas en las que prácticamente se hace indispensable contar con una buena presencia on-line, una estrategia pensada y un grupo de profesionales bien preparados a cargo de ellas. Este es un breve repaso de los campos donde deberán apostar las empresas, pymes y autónomos en los próximos meses (sí, meses; esperar años puede ser contraproducente):

1. **La atención al cliente**: ante el visceral rechazo a los call center y la necesidad de agilizar el proceso, las empresas debe ofrecer un servicio de información y postventa a través de las redes sociales; y, en segundo lugar, contar con una buena información de productos y servicios en una web institucional o, mucho mejor, en un blog (por eso de que resulta más cercano... mirar el punto 4). Es una buena forma de insertarse en el mundo 2.0 con una inversión moderada.

2. **Reputación e información**: sí, quien no está en Internet realmente no existe. Y no es una cuestión metafísica, sino estratégica. Las búsquedas on-line son cada vez más comunes y, por lo tanto, si no soy capaz de encontrar un producto o servicio en la web, casi de forma automática asumo que no existe y busco alternativas. De una forma u otra, hay que tener presencia on-line, aparecer en los resultados de los buscadores, trabajar la marca (personal o corporativa), generar "ruido" (en el buen sentido de la palabra) con una participación activa, tener perfiles identificables y que generen confianza. Parece una tarea titánica (que lo es), pero no es imposible hacerlo. Un poco de tiempo cada día y el resultado está al alcance de la mano.

3. **Marca**: crear marca y establecerla como una alternativa válida es un trabajo arduo. ¿Cómo se hace? Generando contenidos de calidad, participando en redes sociales, debates, foros y sitios que puedan tener una repercusión en la actividad que desarrollen; apostando por la tecnología como una herramienta de comunicación tan eficaz como global: comprendiendo este principio, el salto es posible, siempre y cuando haya

una decisión clara de trabajo, esfuerzo y tenacidad. Nadie nació siendo Google o Instagram, pero todos podemos llegar a serlo en algún momento.

4. **Blogs**: es una de las herramientas clave en el mundo del Social Media. Las bitácoras se han convertido en una fuente de información y en un espacio de comunicación que resultan indispensables en el trabajo comunicacional de una empresa, un proyecto o una marca. Se asocia con cercanía, con igualdad, con democracia. Pero cuidado, porque un blog requiere mucho trabajo y habilidades: se debe actualizar con una periodicidad estable y continuada, con contenido de calidad y de interés para el público, manteniendo fielmente los principios de la marca pero sin sonar demasiado corporativo; debe captar la atención, jugar con las emociones y con la identificación de los usuarios para ganarse su confianza. Y la lista continúa... Jamás se debe menospreciar el poder que puede tener un buen blog es una de las mejores moralejas de esta era 2.0.

5. **E-commerce**: aunque todavía hay quien se resiste, el negocio está en la web. Las cifras de e-commerce e iniciativas como Pinterest o Fancy están dando mucho de qué hablar en Internet. La mezcla de redes sociales con comercio electrónico, una suerte de negocio local, cercano, con comentarios y un efecto viral sin precedentes, gana cada vez más adeptos. Además, lo hace entre el público que le interesan a las empresas: nivel socioeconómico medio, medio-alto y alto. En la actualidad es muy fácil y barato entrar en el mundo del e-commerce. Las herramientas para montar una tienda electrónica están al alcance de cualquier usuario y cualquier bolsillo.

¿Debemos estar todos en las redes sociales?

No, la respuesta es definitivamente no. Eso sí, desde el punto de vista de una empresa o de un autónomo. En el aspecto personal, cada uno es libre de tomar sus propias decisiones. Pero volvamos al ámbito profesional. No todo el mundo puede, quiere o debe sacar partido de las redes sociales porque sí. Y si alguien le dice que es algo inevitable, necesario, indispensable o urgente, es mejor detenerse un momento y dudar, a partir de ahí, de todo lo que le diga esa persona.

Las redes sociales tienen una importante potencialidad en el ámbito profesional para personas que tienen relación con ellas. Un médico, un abogado, un electricista o un empresario de mensajería pueden desarrollar perfectamente su actividad alejados de los Social Media y de las vicisitudes de la Red. No obstante, en un mundo tan conectado como el nuestro, hay muchas otras profesiones que prácticamente se deben en cuerpo y alma a Internet.

Si bien es cierto que la Red y la presencia on-line puede reportar beneficios directos en cuanto a la difusión del trabajo o a las posibilidades de abrir el mercado, quizás la inversión realizada no es ni remotamente proporcional al retorno. Es decir, que un periodista puede ampliar su presencia en la red a través de blogs, de participar en foros o en grupos de discusión, además de estar en contacto con otros profesionales o de mantener su propia web. Probablemente el retorno de su inversión no sea inmediato, pero pueda verse beneficiado de alguna forma (incluso, solo tomándolo como experiencia en un medio que seguramente tendrá que utilizar en el futuro).

Por el contrario, invertir en una web de negocio o en una campaña de publicidad on-line, no necesariamente repercutirá en un aumento de los beneficios netos o en una ampliación de la cartera de clientes. Lo importante es no dejarse engañar por falsas expectativas y por ideas imperativas de modernidad tecnológica. El sentido común, incluso en Internet, sigue siendo la mejor herramienta para determinar si es conveniente una inversión o no. No nos dejemos engañar por cortinas de humo que, si bien son muy tentadoras y diseñadas individualmente pueden parecer la mejor respuesta, quizás el mercado que se busca no está precisamente en la Red y hay que salir a buscarlo donde corresponde.

Invertir en SM: thinking outside the box

Kenneth O'Brock (dueño de Social Vision Media) dijo: "About 60 percent of all modern business exposure is on-line, while 90 percent of the advertising cost remains in traditional media like newspapers and billboards"[13]. Las cifras no pueden ser más contradictorias con la lógica, pero absolutamente ligadas a la realidad: las empresas quieren insertarse en el mundo del Social Media, pero sin invertir realmente en su estrategia, lo que me lleva a pensar más en un capricho o en seguir la corriente, que en un verdadero y adecuado modelo de negocio o plan de comunicación.

Muchos de los que trabajamos en este ámbito hemos tenido experiencias similares: clientes que quieren estar en redes sociales (como si eso fuera todo... en fin) y no están dispuestos a pagar por esa labor. Y siempre recurro a la misma pregunta: ¿le harían lo mismo a los de Prisa o Vocento por las campañas en papel? Seguro que intentarán rebajar, pero no de la misma forma ni con el mismo desprecio. En mi experiencia, un cliente que intentó rebajarme un presupuesto en más de un 80%. Así, sin más. Que si eso, si le conseguía muchas ventas con 5 posts y 5 tweets en una semana, que ya veríamos.

Las cifras son abrumadoras: en EEUU, el 91% de los adultos con conexión a Internet tienen un perfil en alguna de las redes sociales, predominando Facebook con el 58%. Si todavía nos ponemos desde la perspectiva del marketing, la gran mayoría de esos usuarios conectados a redes sociales pertenecen al grupo más atractivo del target comercial: entre 18 y 49 años. Es el grupo socioeconómico que más consume, que más al día está con la tecnología o que compra incentivado por sus hijos. Si ese target está en las redes sociales, ¿por qué no se está aprovechando? Teniendo en cuenta que las empresas se gastan millones de dólares en televisión por públicos mucho menores y más segmentados, definitivamente no comprendo la infravaloración de ese mercado potencial.

España se está quedando muy atrás en la profesionalización del sector y, como siempre digo, no es un problema de falta de profesionales (que hay muchos y muy buenos), sino porque no se concibe al ámbito del Social Media como una herramienta esencial para el crecimiento potencial y el plan de negocios. Hace poco retomé contacto con un proyecto en el que participé hace un par de años. Después de mucho tiempo, su revista se lanzó con una web más moderna, con una clara aspiración a convertirse en un portal de referencia en el mundo de la gastronomía. No obstante, mi propuesta de apostar por las redes sociales como potenciador no solo del lanzamiento, sino de todo el conocimiento y arte que hay detrás de una publicación de su nivel y trayectoria, quedó en nada y si-

---

13   http://www.shreveporttimes.com/article/20120617/NEWS05/206160330/Social-media-require-investment

gue en nada. Su presencia es casi nula y, por lo tanto, su actual potencial de negocio se ve reducido a ser un mero espejo de lo que se publica en papel, exactamente lo contrario de lo que parece dictar un mercado en el que las publicaciones tradicionales desaparecen a diario.

¿Cuál es el problema? Imagina que has puesto toda tu energía en un proyecto emprendedor: tu negocio. Entiendo que tu único interés es que esa iniciativa tenga éxito. ¿Cuál crees que es el siguiente paso, una vez que lo has puesto en marcha: abrir las puertas para que todo el mundo sepa lo que estás haciendo o encerrarte en tu metro cuadrado sin que nadie se entere? Lo lógico es abrir las puertas y dejar que todo aquel que me busque pueda encontrarme. Y la Red ofrece esa posibilidad con una inversión mínima en comparación a los grandes presupuestos del marketing y de la publicidad tradicionales. ¿Todavía no lo tienes claro? El mejor ejercicio es lo que los americanos llaman think outside the box, es decir, aléjate de lo convencional, piensa creativamente y reacciona, porque esa será la única forma de comprender el potencial que estás perdiendo al no creer en el Social Media.

Me quedo con esta cita: "A lot of people are losing interaction with newspapers and radio, and social media is the next wave. But I'm even seeing people of my mom's and her friends' age becoming more friendly with it"[14]. Y si la gente se familiariza cada vez más con el Social Media, ¿a qué están esperando las empresas, las organizaciones y las administraciones para hacerlo?

Y por si no queda claro, Jan Rezab de Social Bakers, lo confirma cuando le preguntan si queda espacio para una empresa que prefiere no trabajar la esfera social y responde con un rotundo "no creo", y agrega "I would say that all companies need to be on social media today. Otherwise people will talk on their own profiles about your business". Sentencia Rezab, finalmente, "We do marketing and communication to get attention and when customers give them that attention, they need to respond"[15]. El tiempo sigue pasando y, si las cosas no cambian, quizás podría ser demasiado tarde para tu negocio. Tus clientes quieren que les pongas atención y, si no lo haces, se irán con quien realmente les escuche. ¡Actúa!

14   http://www.shreveporttimes.com/article/20120617/NEWS05/206160330/Social-media-require-investment

15   http://thenextweb.com/socialmedia/2012/06/21/socialbakers-launches-the-socially-devoted-industry-standard/

Acción creativa y reactiva

Nos estamos obsesionando con cosas pequeñas y estamos cerrando las perspectivas de uno de los trabajos más interesantes y llamativos que conozco. Compañeros y compañeras del Social Media y de la comunicación: nuestra labor es acción creativa (creacción) y reactiva. No podemos cerrarnos en estadísticas arbitrarias y perder de vista lo que en el mundo angloparlante llaman the big picture.

La misión de un CM o de un SMM, o del título que tenga dentro de este mundo profesional en el que estamos viviendo casi las 24 horas del día, es movimiento, imaginación y corazón, además de esfuerzo, dedicación y mucha responsabilidad. Pero no olvidemos que el camino no está marcado del todo y que tenemos muchas posibilidades para alcanzar la meta: abrir nuevos espacios, hacer cosas que nunca se han hecho, incluso podemos permitirnos jugar y ser libres en nuestro trabajo. Las opciones, tal como yo lo veo, son infinitas.

Comparto mi experiencia de la semana pasada: en una reunión de planificación de una estrategia on-line, hablamos de los caminos evidentes para realizar esa acción: redes sociales, SEO, SEM y algunas otras cosas que ya todos conocemos. Me quedé con una sensación extraña cuando acabó la reunión y descubrí la razón de camino a casa. Eso ya está hecho y no presenta nada muy distinto a lo que se hace actualmente (salvo el contenido y la aproximación que podrán tener un twist interesante). Pero ¿qué más? Quería algo más.

Y llevo toda la semana dibujando estrategias nuevas, que tienen la misma base que las otras, pero en las que me he permitido la libertad de disfrutar, de jugar, de poner a prueba mi propia comodidad y apostar por algo distinto. No pretendo grandes cosas, sino nuevas aproximaciones. Es como en el mundo del periodismo: casi todo está dicho ya y en los periódicos, salvo contadas excepciones, ya lo hemos leído todo. Por eso, lo que convierte un texto en Noticia es, precisamente, la forma de entregarlo, la originalidad y el sentimiento que crea.

Justamente esto me lleva de vuelta al principio: necesitamos sentimiento y dejar de automatizar todo. El hecho de que trabajemos con máquinas no quiere decir que tenemos que convertirnos en una. Sobre todo cuando uno de los principales consejos que dan todas las publicaciones dedicada al Social Media (y a la atención al cliente, el marketing, etc.) es que los usuarios necesitan sentir esa parte de humanidad, ese toque de individualidad que los hace sentir especiales entre una masa a la que estaban siendo sometidos como borregos. La personalización es la respuesta y, por ello, tenemos que atender esa tendencia desde nuestro interior: las emociones, descubrir a la persona que está dentro de nosotros y dentro de nuestros usuarios para hacer esa conexión que nos traerá beneficios. Y no necesariamente económicos, sino en otros aspectos tan valorados como la imagen, la confianza, etc.

No dejemos que la rutina nos quite la posibilidad de crear y reaccionar de forma distinta. Somos personas y trabajamos con personas. No perdamos nunca eso de vista si no queremos perder ese toque fresco que el mundo del Social Media nos ofrece para alcanzar el éxito. Ni de cerca está todo dicho en este ámbito y está en nuestras manos el hacer que su esperanza de vida sea mayor a la de cualquier otra burbuja.

El rol del Social Media en las empresas

La visión reduccionista relaciona la labor del Social Media con Facebook y Twitter, restándole además mucho valor a su aportación al concepto organizacional de la empresa. La visión ampliada, lo proyecta hacia todas las áreas de desarrollo, investigación, comunicación y gestión, convirtiéndolo en un eje transversal que puede atravesar todas las capas –horizontales y/o verticales– que existen al interior de la empresa.

¿Cuál es la correcta? No vamos a entrar en valoraciones –aunque es evidente cual es la que está más acorde con el espíritu que nos motiva– y vamos a centrarnos en la segunda opción. Mucho se habla todavía de la posición que debe o deben ocupar las personas encargadas del Social Media: recursos humanos, comunicación, marketing, informática, etc. Curiosamente, pocos se han detenido a pensar en que si es posible encajar el puesto en muchos lugares el organigrama, será porque el perfil es integrador de disciplinas y acciones organizacionales.

El Social Media tiene esa fortaleza: es capaz de aglutinar todas las fuerzas vectoriales provenientes de distintos espacios al interior de la empresa para proyectarlos a través de los distintos canales. Esto es porque su valor no radica específicamente en uno de esos sectores, sino porque resulta útil y provechoso para todos ellos. Evidentemente, en el área de la comunicación, tiene una fortaleza de la que ya hemos hablado repetidamente: contacto con los usuarios, creación de comunidad, etc. Y se vincula con marketing en cuanto a herramienta de control y medición de audiencias y reacciones; con investigación, en cuanto a fuente de inspiración, muestra y feedback permanente; con gerencia, en cuanto a decisión de nuevas iniciativas, propuestas o proyectos para poner en marcha; con recursos humanos, como atractiva bolsa de talento entre la comunidad cercana y la Red ampliada.

Podría seguir con los beneficios hacia campos como la atención al cliente, la logística, las ventas, la gestión interna, la formación, etc. Lo importante es comprender que la figura del Social Media no es meramente una parcela reservada solo para la informática o las acciones comunicativas dirigidas desde la organización hacia el exterior, sino que es mucho más. Y que, precisamente, ese es su gran valor: la ductilidad de las posibilidades que ofrece para una visión holística del objetivo de la empresa. Si comprendemos el potencial del Social Media, el camino hacia la supervivencia en un mercado convulso está medianamente asegurado.

Si se integra adecuadamente dentro de la jerarquía, el rol del Social Media puede multiplicar las opciones de conseguir las metas. Pero debe ser entendido como una suma a la solución y no como la respuesta única, porque no lo es. Por sí solo y apartado del eje de acción, el SM no es más que un departamento capaz de generar vectores puntuales; por el contrario, si su acción se combina eficazmente con los distintos departamentos, el SM adquiere un potencial multiplicador a los resultados.

Encontró este párrafo en la página de Gartner: "Social media's power stems from engaging communities, internal and external to your organization, in new ways to achieve otherwise impossible enterprise value. It is about working differently in a new age of human behaviors fueled by mass collaboration. Business process transformation is at the heart of social media success, or failure"[16]. ¡Imposible decirlo más alto y más claro!

---

16   http://creat360.wordpress.com/2012/06/22/gartner-social-medias-power/

¿Plan de marketing o plan de comunicación?

A la impactante cifra de que el 70% de las preguntas o comentarios en Facebook no son atendidos por las empresas, se une otra también muy llamativa: el 60% de los consumidores espera que las empresas respondan a los comentarios realizados a través del Social Media. Una muestra más de que los usuarios van mucho más adelante y de la desvinculación entre unos y otros.

Si bien la actitud de algunas empresas ha mejorado, incluso me atrevería a decir que las pequeñas y medianas superan con creces el desempeño en el Social Media que las grandes corporaciones, todavía queda mucho camino por recorrer de cara a una total interacción social con la comunidad de usuarios a través de los distintos canales. El hecho de que la web 2.0 y las herramientas asociadas a ese espíritu hayan abierto puertas de comunicación entre los actores, todavía no se ha convertido en una realidad cotidiana ni ha promovido un cambio en la actitud de las empresas de cara a esta nueva dinámica.

Pero tendrán que hacerlo, porque según Mashable, el 46% de los usuarios dice tener una mejor percepción de aquellas marcas que participan en la conversación con sus usuarios y que responden a sus preguntas y comentarios. Estamos hablando de prácticamente la mitad de los usuarios, y ese 46% seguramente pertenecerá al segmento de edad más llamativo para los departamentos de marketing: de 18 a 49 años, donde se agrupa la gran mayoría de los usuarios de redes sociales y de Internet (por cierto, escenario que cambiará en las próximas décadas, repartiéndose de manera más equitativa en todas las edades).

Si los clientes perciben mejor a las empresas activas en las herramientas de Social Media y estas todavía no asumen la necesidad de contar con un desarrollo objetivo y claro de su estrategia de comunicación, hay otra cifra que les golpea directamente en la cara: a nivel mundial, el 67% de los usuarios estaría dispuesto a compartir información para que las empresas mejorasen sus servicios y sus productos. Es decir, El Dorado para cualquier corporación que tenga una mínima visión de futuro...

Sé que puede parecer majadero insistir tanto en este tema, pero si a diario somos testigos de actitudes muy contrarias al Social Media y todavía existe una enorme ignorancia en cuanto a su utilidad en los distintos ámbitos de negocio, no me queda más remedio que volver a levantar la voz. Tus usuarios y los nuestros están en la Red, quieren hablar con nosotros, quieren ser escuchados, están dispuestos a participar y lo harán gratuitamente. No esperes a tener un plan de marketing para saturarlos con información y publicidad, porque huirán despavoridos; plantea un plan de comunicación y escucha sus demandas. La información que se obtenga de ellos será más valiosa que cualquier campaña tradicional que emprendas, sin ninguna duda.

Como dice John Lee en Search Engine Watch, "You have a lot of clients and you are tasked with making all of those clients feel like they are your #1 priority"[17]. Pero no se trata de adularlos y crear una falsa relación, sino de abrir un espacio de interacción natural, directa y transparente, que fomente la actividad de ambas partes y que se convierta en un entorno seguro en el cual la conversación entre iguales sea la tónica. Las empresas no pueden pretender que dominarán un espacio que no les corresponde. Esto no es una nueva ola de colonización, sino una actividad de diplomacia que requiere más inteligencia y corazón que una estrategia mercantil. Ahora son los usuarios los que pueden marcar la diferencia entre una marca y otra. Solo tenemos que estar dispuestos a hablar con ellos.

---

17   http://searchenginewatch.com/article/2194240/The-Other-Side-of-PPC-Dealing-with-Clients

Perfil profesional del Social Media

Uno de los temas que desarrollan casi todas las publicaciones sobre Social Media Manager (SMM) y Community Manager (CM) tiene que ver con las características, habilidades y conocimientos que debe tener un profesional de este tipo de medios. Muchas de ellas (asertividad, organización, responsabilidad, sentido común, etc.) son cualidades inherentes a su personalidad y, aunque pueden ser adquiridas o entrenadas, no se adentran en el ámbito de lo estrictamente profesional.

Como podemos constatar en las ofertas de trabajo y en muchas páginas web, todavía mucha gente no tiene del todo clara la definición y el ámbito de trabajo de este tipo de profesión que, si bien nueva en el mercado, ya tiene recorrido suficiente como para saber qué se necesita y acotar el rol de la persona que estamos buscando.

1. Que tenga conocimientos y dominio de la comunicación escrita y oral. Es indispensable que esto sea así, porque un SMM o un CM necesitarán habilidades comunicacionales para sortear las distintas situaciones que se presentan, tanto en el ámbito interno como hacia la comunidad de usuarios externa. En este punto, confiaría sin duda en un periodista o alguien con experiencia en el ámbito de la comunicación corporativa.

2. Conocimiento de las nuevas tecnologías y experiencia probada en los Social Media. No es necesario, en ningún caso, conocimientos de informática (reparación y mantenimiento de equipos) o algún software especializado que no tenga directa relación con el trabajo del SMM o del CM. Si los tiene, bienvenido será, pero jamás debe ser un requisito, porque no se debe confundir el perfil de dos profesionales distintos.

3. Conocimientos de marketing, aunque no son definitivamente indispensables, porque el CM o el SMM trabajará de la mano con el departamento de marketing de la empresa, razón por la cual puede adquirir habilidades y ejecutar acciones que no son inherentes a su perfil. Como en el punto anterior, si aporta experiencia en este ámbito, será un plus.

4. Habilidades de atención al cliente y técnicas de venta, no porque sea absolutamente necesario utilizarlas, sino porque son destrezas que le permitirán reaccionar de mejor forma ante ciertas situaciones de comunicación en su trabajo diario.

Con esta base, un profesional puede desempeñar adecuadamente su trabajo, lo que sumado a una estructura sólida de coordinación interna, conocimiento de la empresa, objetivos organizacionales y del mensaje corporativo, además de cierta empatía y la capacidad de comprender el público al que se dirige, traerá buenos resultados de forma casi segura. Obviamente que cualquier otro aporte profesional o personal será siempre un extra interesante, pero lo que no debemos permitir como profesionales del sector es que se confundan los roles sobre nuestro propio trabajo, porque a la larga eso jugará en contra de un perfil con mucho potencial do desarrollo en el mercado futuro.

Gestión de crisis para el community manager

Uno de los principales errores que puede cometer un community manager primerizo es tener miedo. No se trata tampoco de asumir una actitud desalmada ante el medio digital, pero sí hay que tener un poco más de confianza en lo que pueda ocurrir y en lo que ocurrirá.

Lo principal que debe tener en cuenta un CM es que, al estar a cargo de una marca, un producto o de una empresa, puede haber muchos tipos de usuarios distintos y con opiniones diversas, en un amplio abanico de posibilidades que va desde lo peor hasta lo mejor. La premisa "no se puede gustar a todo el mundo" es muy real para esta actividad. Y, por lo tanto, tenemos que estar preparados para todo. La experiencia en ventas o en atención al cliente es un plus para quien lo tiene, porque sabe una de las premisas básicas en la actitud comercial: "un no puede ser un sí". De igual forma, un comentario negativo, si es bien manejado, puede convertirse en fuente de un positivo resultado en cuanto a la reputación on-line y a la comunidad de usuarios con la que tratamos.

Jamás, ¡nunca!, debemos temer a esos comentarios. Pero es importante que estemos preparados, no de forma arbitraria y personal, sino con un procedimiento previamente acordado con quien nos haya contratado, estableciendo protocolos de acción para este tipo de situaciones: gente a cargo, responsables, medidas a tomar, acciones a seguir. Obviamente los "manuales de atención al cliente" no son infalibles y cada cliente es un mundo muy particular, pero si sabemos cómo proceder en primera instancia, el resto del camino puede ser mucho más fácil de llevar.

Ya está muy dicho, pero no está de más volverlo a comentar: ¡nunca debemos borrar un comentario negativo! Las experiencias en ese sentido son devastadoras y pueden provocar una reacción en cadena mucho mayor. Lo principal es la empatía, ponerse en lugar del usuario, escucharle y darle una solución al problema. En el caso de que sea un troll, es decir, un provocador, la respuesta debe ser precisa y el resto de la comunidad debe ser informada al respecto, para evitar solidaridad entre los usuarios y evitar que el problema sea mucho mayor de lo que era un principio.

Si bien hay que actuar rápido y hay que monitorizar lo que se está comentando en las distintas redes sociales, los pasos que se den respecto del manejo de la crisis deben ser meditados y consensuados entre las distintas partes. Incluso, al igual que en telemarketing, a veces la voz de un responsable superior puede ser mucho más tranquilizadora y eficaz, aunque el mensaje sea el mismo que el que hubiese entregado el community manager. Todo es cuestión de haberlo establecido previamente en el protocolo de acción o de haberlo acordado en la gestión particular de la crisis.

Entendiendo al community manager

Un community manager (CM) no es aquel que tiene 3.000 amigos en Facebook ni el que twittea sin sentido cada 3 minutos; no es quien sabe hacer una página web o aquel que tiene un blog que actualiza una vez al mes o a la semana; tampoco es uno que dice tener sentido común, cuando lo común es no tener ningún sentido…

Un CM es todo eso y mucho más. Lo primero que se debe tener en cuenta al apostar por alguien para que realice este trabajo, es que es un rostro de la empresa, casi tan importante como el encargado de comunicaciones o el gerente general. La reputación on-line y el plan de relaciones públicas estarán en sus manos, por lo que es imprescindible que sea una persona responsable, que conozca la empresa para la que está trabajando y que, sobre todo, tenga conocimientos de comunicación, no solo como redactor, sino como planificador y estratega.

La figura del community manager adquiere cada día mayor relevancia dentro del entramado organizacional, puesto que su labor se desarrolla de la mano con los departamentos de marketing, comunicaciones y con gerencia, en cuanto a alcances, objetivos, planes y resultados. Eso sí, la única diferencia que lo separa del resto es que esos resultados no es a corto plazo, sino que tiene una proyección desde el medio al largo plazo.

Por eso es importante contar con un profesional capaz y preparado. El actual modelo de desarrollo que se lleva implantando durante años y que ha llevado a dejar las campañas on-line en manos del "sobrino" o del "primo" para reducir costes –obteniendo, por supuesto, resultados paupérrimos o simplemente no obteniendo nada a cambio–, debe dar paso hacia una profesionalización del sector, más allá de cualquier prejuicio al respecto.

No hay que ser un gurú empresarial para saber que una buena inversión trae un buen retorno, mientras que una inversión mal hecha o inexistente no trae más que dolores de cabeza.

Entendiendo al community manager II

Continuando con la idea del artículo anterior, me encontré con una oferta de trabajo que, más o menos, viene a resumir precisamente todas esas ideas erróneas que se tienen del trabajo de Community Manager.

La oferta decía lo siguiente:

Puesto vacante: **Community Manager**

Categoría: Informática y Telecomunicaciones

Funciones a desempeñar:

1. Comunicación y marketing social-media:

- gestionar blogs y redes sociales de acuerdo con la estrategia de la empresa,

- análisis de métricas y estudio de comportamiento de los usuarios,

- propuesta de optimización Web,

- branding a través de la red en general y campañas virales.

2. Mantenimiento de equipos informáticos:

- Configuración de equipos informáticos (ordenadores, impresoras y escáner)

- Instalación y configuración de los sistemas operativos y software: Windows, Microsoft Office, correo electrónico.

Repasemos a grandes rasgos aquello que está mal.

1. La categoría no es Informática y Telecomunicaciones, sino que está más ligada a Marketing, RRPP, Comunicaciones o Asesorías. Incluso me atrevería a decir en Puestos Gerenciales o Directivos, pero jamás pondría a un informático como tal a encargarse de la campaña comunicacional así sin más.

2. La minimización que se hace de las funciones del CM en la primera parte de las tareas a desempeñar. Todo ello es un eufemismo para decir: "que sea capaz de abrir Facebook, Twitter, pero con cierto orden y criterio. Claro, y que comprenda cómo se inserta Google Analytics o que se le ocurra algo simpático para enviar por e-mail a los usuarios".

3. Un community manager no es un técnico informático y no tendría por qué serlo. Sus funciones son diametralmente opuestas, porque se dedican a campos diferentes.

Mientras no se ontiendan estos básicos conceptos, el paso hacia una web semántica se quedará nada más que en una idea sin significado.

Acierto y error del community manager

Lamentablemente, quienes trabajan como community manager o en cargos similares, todavía tienen mucho campo por explorar. Además, el componente de las imprevisibles audiencias nunca dejará de sorprender hasta al más experto. Por estas razones, y seguramente otras muchas más, gran parte de las acciones emprendidas se basan en la intuición, el sentido común, y en un juego de acierto y error.

Esto no es malo, porque permite una individualización de los planes de comunicación, evitando caer rápidamente en las fórmulas hechas y que todo sepa más bien a algo ya visto. De todas formas, el campo de acción no es muy extenso, pero si se plantean propuestas inteligentes y creativas, ese ABC con el que contamos puede convertirse en una herramienta poderosa.

Un community manager no es, en sí mismo, un creador de exitosos virales ni de campañas multipremiadas; como tampoco es un gurú de las nuevas tecnologías o un cazador de tendencias de consumo. Un CM simplemente hace su trabajo, apuesta, acierta y se equivoca. Lo importante es obtener experiencia y resultados interesantes de cada una de esas acciones para plantear los desafíos y soluciones del futuro.

¿Qué hace un profesional del Social Media?

"Managing social media for a client isn't just about posting to Facebook and tweeting, it's about brand reputation management, customer relationships, marketing, brand representation and a whole lot more that your friends don't understand. Next time they ask, just tell them you are a social media superhero"[18]. (Christine Smith)

Efectivamente muchos piensan que nuestras tareas son perder el tiempo en Facebook, escribir tonterías en Twitter que nadie lee y pasarse el día mirando páginas en Internet. A grandes rasgos es lo que muchas empresas, incluso nuestra familia cercana o nuestros amigos, creen que hacemos. Pero no, la tarea de un Social Media Manager o de un Community Manager va mucho más allá de Facebook y Twitter (y no como pérdida de tiempo), sino como una estrategia de comunicación on-line que afecta inevitablemente a la reputación de la marca, de la empresa y del producto.

Primero somos expertos en lo que hacemos: la comunicación. Tenemos control sobre la forma de entregar los mensajes, de generar reacción en la audiencia, cómo formar y fidelizar una comunidad. En segundo lugar, tenemos conocimientos del medio en el cual nos desenvolvemos: conocemos Internet no como destino, sino como medio para llegar a un destino, como herramienta de trabajo, como fuente de información, como vía de comunicación de masas y personal. La web es nuestro segundo hogar.

También somos excelentes gestores de personas y de situaciones de crisis. Estamos preparados para controlar, supervisar, monitorizar e intervenir en cualquier situación comunicacional que afecte a nuestro trabajo. Si no estuviéramos preparados, deberíamos ser capaces de reaccionar de forma inmediata, documentarnos y actuar. Debemos poseer el don de la empatía, del sentido común y de la organización. Debemos practicar la ubicuidad y la multiplicación de las horas. Debemos adelantarnos a los hechos, estar informados de las últimas noticias, conocer el sector en el que trabajamos, las últimas tendencias de la red, las tecnologías de la web 2.0 y algo sobre customer service.

Reuniendo todas estas cualidades, nuestras tareas son generar contenidos, supervisar su evolución y repercusión en la red, planificar estrategias, cumplir los objetivos impuestos (propuestos) por el cliente, resolver situaciones de crisis, medir audiencias, crear expectación, ganarnos a un público, consolidar audiencias, representar responsablemente marcas, empresas y/o personas, estar siempre atentos a todo y trabajar, trabajar y trabajar. ¿Realmente no se nos considera superhéroes?

---

18   http://www.prdaily.com/Main/Articles/What_does_a_social_media_manager_do_all_day__11248.aspx#

¿Social Media qué?

Estamos en crisis y las empresas españolas se enfrentan a un mercado convulso, no solo por los vaivenes de la economía, sino porque el mercado futuro está sufriendo importantes cambios en las estructuras que hasta hace poco lo sostenían: cambian las audiencias, los usuarios, las formas de alcanzarlos y muchas otras cosas. En medio de todo esto, aparece un campo que, de la noche a la mañana, se convierte en herramienta indispensable de comunicación: las redes sociales e Internet. ¿Qué hacer?

Lo que muchas han hecho, ha sido ignorar el movimiento; ya sea por ignorancia, ya sea por falta de recursos, ya sea por total desinterés, ya sea por una corta visión de futuro. El punto es que están llegando tarde. Hace pocos días conocíamos los resultados de un estudio que decía que apenas la mitad de las empresas españolas encuestadas utilizaban las redes sociales para dar a conocer su actividad y que menos de la mitad encargaba esa tarea a un profesional.

¡No me extraña! Viendo lo que se ve en la red, no resulta raro saber que las campañas de marketing y comunicación on-line son dirigidas por "el sobrino" o "la sobrina" de turno. Lo que me sulfura es que eso jamás ocurriría con otras áreas de la empresa como contabilidad, marketing tradicional o el canal de ventas. ¿Por qué, entonces, se descuida tanto la comunicación?

No obstante, tampoco me causa extrañeza que las empresas no apuesten más por el Social Media. ¿Qué es eso?, se preguntarán muchos y muchas todavía. La velocidad de los cambios hace que sea difícil seguirles la pista y cada día aparecen nuevos perfiles en el mercado: community manager, social media manager, social media strategist, social media analyst, social media SEO, social media metrics, y otros más que he visto en alguna página de ofertas de trabajo.

¿De verdad se necesitan tantos cargos? Es normal que las empresas no apuesten por este campo, porque para hacerlo tienen que pensar en un departamento nuevo al completo, con todo lo que eso significa. No hace mucho tiempo alguien me hizo un comentario en el blog diciendo que estaba confundiendo la labor del CM con la del SMM. Puede ser que en el papel se puedan confundir, pero en la práctica un CM es un SMM, un SMS, un SMA y todas las siglas que haga falta, además de creativo, redactor, informático, diseñador y otras muchas tareas que se le asignan.

Lo que no se puede hacer es parcelar un trabajo en pleno proceso de desarrollo y pretender que en los tiempos que corren existan todas esas figuras. Quizás la respuesta es apostar por nuestra propia versatilidad junto al desarrollo de un buen plan de Social Media para conseguir que el sector se profesionalice y crezca de buena forma, creando trabajadores competentes, con múltiples habilidades y con una posibilidad de crecimiento tan versátil como la labor lo exige. Acotar este territorio es, sin duda, un grave error que no nos podemos permitir.

¿Me lo aseguras?

La pregunta me recuerda a una anécdota de hace unos 6 años. En aquel tiempo, trabajaba como coordinador en un call center y hubo una gestión deficiente por parte de varias personas, en un negativo cúmulo de equivocaciones, que llevaron a una reclamación importante por parte de un cliente. Ciertamente, el error humano había sido una reacción en cadena que provocó la ira de nuestros máximos superiores, con toda razón. No obstante, su reacción no era nada razonable: querían que jurásemos que nunca volvería a ocurrir. Pero, como seres humanos que somos, nuestra respuesta fue: "procuraremos que no vuelva a ocurrir, pero no te lo puedo asegurar". Y las posiciones eran casi irreconciliables…

Algo parecido me ocurrió hace unos días con un plan de Social Media. ¿Me aseguras que voy a vender todo lo que quiero y que voy a tener miles de seguidores? Y mi posición era clara: procuraré que así sea y haré todo lo posible por conseguirlo, pero no lo puedo asegurar. Nadie tiene la fórmula del éxito en este mercado, ni siquiera siguiendo las pautas que muchos y muchas se encargan de publicitar como la respuesta definitiva o la dieta milagro de la temporada para cumplir los objetivos planteados. ¡La fórmula asegurada del éxito no existe!

Los primeros que tenemos que defender esta posición somos nosotros: si vendemos humo, la burbuja aumenta y tiene muchas posibilidades de reventar en poco tiempo. Si nos ajustamos a la realidad y actuamos como verdaderos profesionales, la cosa cambia y el panorama es algo más alentador. El siguiente paso es que el cliente entienda que nuestro trabajo se monitoriza y vigila para replantear la estrategia y probar nuevas opciones. Cada comunidad es única, al igual que la reacción de los usuarios ante una marca o un producto. Es evidente que no todos somos Google o Facebook, y toma tiempo labrarse una reputación on-line.

Por eso, es imposible vender seguidores, asegurar ventas millonarias o hacer virales todos los contenidos generados. Todos sabemos que eso es pura ficción. Entonces, ¿por qué vendemos resultados irreales o creemos en una utopía que nos cuenta el gurú de turno? El éxito de una campaña o de una acción radicará en su capacidad para transformarse, para replantear la estrategia, para probar nuevos canales y para adaptarse al medio, sin perder nunca de vista su objetivo y su razón de ser, su esencia. Sobre todo, radica en la creatividad y la capacidad de impacto; porque una estrategia repetida hasta la saciedad pierde toda su frescura y capacidad de sorpresa.

No aseguremos nada ni demos las cosas por sentadas. Debemos estar atentos a lo que ocurre con nuestra estrategia y hacer los giros que sean necesarios para que llegue a buen puerto. Pero no generemos falsas expectativas en cuanto al tiempo, el impacto o los resultados del plan de acción, porque lo único que conseguiremos es que eso se vuelva en nuestra contra. Es mejor procurar que las cosas vayan bien a darlas por seguras.

El Social Media es parte de tu vida

Con una cifra que supera los 3 mil millones de dólares, la publicidad on-line se incrementó en 2011 más del 50% en relación con la inversión de 2010. Imagino que ese crecimiento vino avalado por el hecho de que casi el 45% de los consumidores en Internet tiene un perfil activo en alguna de las redes sociales y que un 53% de los usuarios de Twitter recomiendan empresas o productos a través de sus tweets.

Visto así, el negocio de Internet puede resultar abrumador. Y el Social Media no hace más que alimentar esa falsa burbuja que muchos auguran alrededor de las redes sociales y de otras herramientas de comunicación que han venido de la mano de la revolución 2.0. Sinceramente, todavía no veo dónde está la burbuja. Si las cifras están ahí y los usuarios están demostrando sus preferencias a través de los distintos canales, ¿cuál es el punto débil?

Así como el fax, los móviles y el correo electrónico supusieron un efecto de masificación de las comunicaciones y facilitaron la interacción global, Internet y el Social Media no han hecho otra cosa que poner el mundo en la puerta de nuestra casa. El cambio que se está produciendo es mucho más profundo que una nueva ola interpretativa de las corrientes del marketing y de la publicidad; lo que Internet ha provocado es un rediseño del mapa comercial, comunicacional y humano que configuraba el mercado tradicional tal como lo conocíamos hasta hace pocos años. Se han democratizado los procesos, la creación y el alcance de los proyectos; se ha facilitado la comunicación entre los actores que representan las distintas figuras a lo largo del proceso; pero, sobre todo, se ha modificado la forma en que los consumidores actuamos.

Simplemente pensemos que hoy, así como podemos ser receptores y emisores de información a la vez sin grandes complicaciones, los consumidores son también una fuente de conocimiento y experiencias. Su rol, prácticamente ajeno a todo el funcionamiento mercantil y más ligado a la pasividad receptiva, ha mutado en una suerte de voz del pueblo, capaz de marcar un territorio y exigir que se juegue bajo determinadas reglas. Pero no nos engañemos: todavía estamos a una buena distancia de ser consumidores informados, responsables y colaboradores. Pero Internet ha puesto esa posibilidad dentro de nuestro radar y solo nos queda llegar hasta ella.

El problema se produce en el desnivel que hay en la comprensión de la herramienta: Internet no tiene dueños y, por lo tanto, no se puede controlar toda la información que por ella circula. Sin embargo, muchos todavía piensan en la manipulación y en la intromisión como moneda de cambio con el consumidor. Al contrario, quienes han comprendido que los clientes son uno de los pilares de la relación comercial (por el simple hecho de que son quienes compran nuestros productos o servicios), han dado el paso y les han incorporado al proceso: se les invita a dialogar, a escuchar, a aprender de forma recíproca, incluso a colaborar de forma desinteresada (o interesada) con las organizaciones. Han aprendido que una relación directa con el cliente les pone en una mejor posición dentro de las preferencias de los usuarios.

Y la mejor forma de establecer esa conversación es a través de un trabajo profesional, que se caracterice por el respeto, la transparencia, la confianza y la vinculación con otros individuos. Es cierto que este sector está todavía en proceso de desarrollo (al menos, la realidad española está lejos todavía de un reconocimiento profesional y económico), pero el Social Media lleva unos cuantos años posicionándose como un campo muy interesante para explorar por parte de las empresas y de los propios usuarios, lo cual se contradice con las ideas que pregonan algunos ignorantes o algunos frustrados del medio, considerándolo una burbuja y algo inútil. Si las cifras han ido en aumento y el campo de trabajo se va ampliando cada día, quiere decir que más que un "pelotazo" ha sido un crecimiento sostenido y sostenible, que todavía espera alcanzar su posición natural dentro del mercado y de la conversación entre unos y otros.

Para eso estamos los profesionales del Social Media, precisamente para posicionarnos entre las empresas y los consumidores, los usuarios y las visitas espontáneas, de manera de fomentar una conversación fluida, un diálogo abierto y directo entre iguales, donde las ideas y las opiniones se comparten, se difunden, se viralizan... La web 2.0 puede evolucionar a otras formas de entender su estructura, su diseño o su raíz misma, pero el ámbito comunicacional abierto y democrático no se desvanecerá en las nuevas versiones, sino que se potenciará hacia nuevas maneras de comprender la dinámica entre sus actores. Y nada mejor que contar con buenos profesionales para no perderse en esos cambios.

Es tiempo de cambiar el chip y darse cuenta de que la burbuja no existe. El Social Media ya es parte de nuestras vidas: estemos dentro o no, nos encontramos con él casi en cada rincón. ¿Te vas a quedar fuera?

La Red, nuestra mejor aliada

El Social Media es más que un sinnúmero de interacciones en redes sociales. Es una fuente de desarrollo para tu negocio. ¿Y qué estaba haciendo yo todo este tiempo?, te preguntarás. Te digo: estabas aprendiendo a conocerlo, a desenvolverte en él, a entender su filosofía. Pero ahora es tiempo de actuar.

La web 2.0 es el paradigma de una nueva forma de comprender las relaciones personales y profesionales gracias a la tecnología, convirtiéndose en la suma de muchos procesos sociales, culturales, técnicos y económicos que venían produciéndose en los últimos años: un espacio global de interacción directa, de participación activa, de democratización de los procesos. Gracias a ella, tenemos todo un mundo de posibilidades (nos vamos a centrar en las profesionales) que hasta hace poco eran más bien impensables.

Dentro de ese espacio de interacción, están nuestros potenciales clientes. ¿Cómo encontrarlos? Hay muchas vías: contacto "a puerta fría" (buscar e intentar llegar a ellos sin previo aviso o solicitud); correos electrónicos, campañas de publicidad en redes sociales, creación de una comunidad de usuarios alrededor de un tema afín, blogs de temáticas específicas, canales de vídeo, etc. Imaginemos que Internet es una gran fiesta en la cual queremos ir conociendo gente nueva, por lo cual pondremos en marcha distintas acciones para interactuar con ellos y establecer algún vínculo que nos lleve a repetir la experiencia.

Pero, además de nuestros potenciales clientes, en Internet podemos encontrar posibilidades para hacer crecer nuestro negocio, para desarrollar nuevos proyectos, para establecer contactos que nos abran puertas a nuevas aventuras profesionales. Si entendemos a la Red actual como un hervidero de ideas, personas, emprendedores, clientes y proyectos, resulta muy atractivo no solo estar en ella, sino que participar de forma activa para conseguir una porción de la tarta. Quien no está es porque no quiere. Si bien requiere una inversión de tiempo y, en algunos casos, de dinero, la presencia on-line está al alcance de todos.

No obstante, la presencia y la participación en la red no resulta natural para todos. Hay quienes se desenvuelven muy bien en los espacios de Social Media, pero hay quienes necesitan de ayuda profesional. ¡No tengas miedo de pedir ayuda! Una cosa es pensar que Internet es gratis (y casi todo lo que se asocia a ella), pero otra muy distinta es que sea fácil de gestionar y que tengas los conocimientos, habilidades y aptitudes para hacerlo. Si bien es cierto que todo es cuestión de aprender, cuando hablamos del ámbito profesional quizás es mucho mejor tomar el camino seguro y dejarlo en manos de profesionales.

Lo importante es entender (y hacer entender a los demás) que Internet es mucho más que una fuente de divertimento. Por supuesto que es mucho más que Facebook y Twitter. La Red puede convertirse en nuestra mejor aliada a la hora de potenciar nuestro negocio, de dar a conocer nuestra labor, de buscar empleo o nuevas oportunidades profesionales, laborales, estudiantiles, etc. Solo debemos estar dispuestos a invertir tiempo y esfuerzo en ella para encontrar el camino adecuado a nuestra situación y a nuestros objetivos.

Social Media para todos

El concepto de Social Media es inclusivo y democrático. Su apuesta es la participación y el diálogo. Su motivación, la comunicación. Y su base, como no, el libre acceso a los contenidos. Pero aquí radica la confusión que transversalmente toca a todo lo que ocurre en Internet: una cosa es el libre acceso (la libertad de información) y otra, la gratuidad perpetua. El libre acceso, como bien lo dice su nombre, es la posibilidad de acceder a la mayor cantidad de fuentes disponibles, a todos los contenidos sin restricción legal o ideológica, fomentando la información libre y la comunicación entre individuos en igualdad de condiciones. ¿Suena a utopía? Un poco, pero ese es el espíritu.

Por otra parte, la gratuidad pretende que toda esa información no cueste dinero. Pero el trabajo cuesta y nadie está dispuesto a hacer el suyo sin recibir nada a cambio. Con esto no hago una apología a las intentonas de gobiernos, empresas, lobbies y ministras o ministros venidos a más para controlar la libre circulación de los contenidos o a su jerarquización, sino todo lo contrario: defiendo mi trabajo y el vuestro, porque todos queremos vivir de aquello a lo que dedicamos nuestro esfuerzo.

Si bien Internet se basa en la libertad de acceso, no se basa en la gratuidad. Acceder a Internet cuesta dinero (equipos, conexión, etc.) y dejando aparte el negociado de algunos con uno de los servicios más mediocres de Europa, es inevitable que cueste dinero, porque es una tecnología que utilizamos, igual que el teléfono (nadie se queja por pagar su factura) o la luz (que pese a las subidas, a nadie le parece una idea absurda el coste mensual del servicio utilizado). En el momento en que decidimos acceder a la Red, debemos asumir sus costes. Lo mismo ocurre con la información que encontramos en la Web: está a disposición de todo el mundo, pero así como hay usuarios que ceden sus derechos de recibir dinero por el trabajo realizado (como lo hacemos en este blog, sin ir más lejos), hay otros que viven de ello, por lo cual ejercen su legítimo derecho a cobrar por el contenido. Y no está de más decir que no todo lo que circula por la red es gratuito.

En este caso, la reciente prueba del actor/director Paco León de ofrecer su película Carmina o revienta a través de múltiples plataformas (y a precios más que asequibles), ha demostrado que hay otras opciones a los canales que nos tienen habituados las distribuidoras y que el público está dispuesto a asumir los costes asociados a la creación artística, siempre que haya buenas opciones para hacerlo (tiempo, lugar, costes, comodidad, etc.). En la Red ocurriría lo mismo con muchos contenidos de pago: si hay una buena oferta, la demanda aumentaría de forma inminente y sostenida. Pero una cosa es cobrar por un contenido y otra muy distinta es lucrar de ello.

Con esta idea en la cabeza, las redes sociales son, en su mayoría, gratuitas en cuanto a acceso y servicios. Estamos de acuerdo. Pero su gestión en el ámbito profesional tiene dos opciones: o las gestiona cada uno gracias al instinto o a una formación dedicada, o cede esa gestión a terceros. Y de esta segunda opción, surgen otras dos: la gestión profesional o la amateur. La gestión amateur no asegura nada más que una presencia y una actualización, constante o no. La gestión profesional, en cambio, promueve el cuidado de la reputación on-line y la imagen, la comunicación con los usuarios, el seguimiento de la conversación, la monitorización de las tendencias, entre muchas otras cosas. Y eso tiene un valor incalculable para las empresas, además de una retribución real para quien se dedica a ello.

Aunque las redes sociales sean gratuitas, lo mismo que los blogs e incluso las páginas web, no significa que todos estén capacitados para manejar el preciado valor que ellas implican en el nuevo escenario de relaciones entre empresas y clientes, entre marcas y usuarios, entre servicios y contratantes. La gratuidad, en este caso, no es la mejor respuesta para su proyecto o para su empresa, porque se está jugando un valor capital: su reputación. Pero no se deje engañar, porque el trabajo de un experto en Social Media no es la prestidigitación ni la cura de todos los males; no obstante, es un servicio profesional y dedicado, que requiere de mucho esfuerzo, de largas horas, de días, de meses, incluso de años. Requiere también entrenamiento, formación, preparación y conocimientos, además de muchas otras habilidades.

El Social Media es para todos, pero eso no significa que todo deba ser gratuito. Aquí hay muchos profesionales trabajando y merecen que su trabajo sea reconocido. Y así como se defiende el contenido y la creación, realmente conozco a poca gente más creativa que los periodistas, los community managers, diseñadores, copywriters, redactores y muchos otros que han hecho de Internet uno de los mejores canales o soportes de comunicación que podríamos haber imaginado nunca. No dejemos que eso muera y reconozcamos el valor que tiene.

¿Cuánto cuesta el Social Media?

Vamos a hablar de costes, porque al final es lo que motiva muchas de las decisiones que tomamos en nuestra vida profesional y, por qué no decirlo, en algunas de nuestro ámbito personal.

Carolina Velasco dice en WWWhat's new: "Cuando hablamos de empresa y redes sociales aún existe mucha confusión; las PYME, grandes beneficiarias de lo que hoy nos entrega la red, son también las grandes ausentes. ¿Las razones? Falta de recursos, temor y desconocimiento"[19]. Y es que estar en la Red tiene un coste: tiempo, conocimiento, formación, recursos humanos, etc. Aunque parezca gratis, en el fondo no lo es. Pero vamos a comenzar por el principio...

Un plan de Social Media no es tener perfil en Facebook. No. De verdad que no lo es. No, tampoco en Twitter. No, ni siquiera sumándole tus esfuerzos en LinkedIn. Eso es, para ser más precisos, abrir perfiles en redes sociales, pero no es un plan de Social Media. Y eso, aunque no lo creas, es totalmente gratis y absolutamente irrelevante. De nada sirven los perfiles "fantasma" en las redes o incluso una presencia diaria, sin un sentido profesional y claro que dirija las acciones que se generen a través de ellas. ¡Claro! Por eso es que, aunque tienes 1.000 seguidores en Twitter, tus resultados de ventas siguen siendo los mismos que antes. La única diferencia es que ahora tienes una hora o varias menos al día.

Entonces, pongámonos de acuerdo: un plan de Social Media es una estrategia de comunicación a través de la Red y de las herramientas disponibles, que te permitirán llegar a un mayor número de personas, ampliando el mercado de potenciales clientes, estableciendo una imagen de marca, escuchando lo que los usuarios dicen, aprendiendo de la conversación generada, creando vínculos con una comunidad, etc. Y voy a recurrir a las sabias palabras de Juan Barjau para explicar lo siguiente: "Bajo mi punto de vista, existe un error de concepto del que parten muchas empresas. Asumir que su presencia en las redes sociales debe contemplarse como una acción más, dentro de su estrategia de ventas"[20].

Tal como decía al comienzo del párrafo anterior, el plan de Social Media es una estrategia de comunicación y no una acción de venta. Y ese concepto erróneo es el que nos trae de cabeza: no necesariamente un "Me gusta" se transforma en una venta. Pero sí se puede convertir en una inversión a largo plazo en cuanto a otros valores emocionales: identificación, posicionamiento, fidelidad, etc. Lo importante es mantener una

---

19 http://wwwhatsnew.com/2012/06/18/social-media-prosumidores-y-plataformas-nuevo-chip-mas-alla-del-me-gusta/

20 http://www.juanbarjau.es/marketing-on-line-2/motivos-para-invertir-en-redes-sociales/

presencia, dirigir la conversación alrededor de nuestra empresa (si no dirigirla, al menos participar en ella como una voz más dentro de la comunidad) y aprender de lo que dice nuestra comunidad de usuarios. Lo confirma Juan Barjau otra vez: "Deberíamos tener claro que nuestra presencia en redes sociales es una forma de comunicarnos con nuestros proveedores, clientes, colaboradores, amigos, etc. y, por tanto, si lo contemplamos desde el punto de vista de nuestro negocio, debería formar parte de nuestra estrategia de comunicación y no de nuestra estrategia de ventas".

Teniendo esto en cuenta, el Social Media cuesta dinero. Y lo hace por 3 razones:

1.   Es un trabajo profesional, que requiere preparación y cualificación.

2.   Es un plan que necesita de ciertos conocimientos y destrezas para sacar el mayor partido de las herramientas disponibles.

3.   Requiere tiempo, constancia y permanencia en el tiempo. No se puede tener una visión cortoplacista al respecto.

El punto, entonces, es que si bien es un gasto, a la vez es una buena inversión: resulta moderada en comparación a otras acciones de marketing, publicidad y comunicación; permite una aproximación global desde la empresa hacia los usuarios, pudiendo obtener información detallada para distintos apartados y cubrir diferentes necesidades (datos, perfiles, reacciones, comentarios, sensaciones, etc.); genera posicionamiento no solo a nivel emocional, sino que también dentro de la estructura de la Red, lo que mejora nuestra aparición en resultados de buscadores; nos pone en contacto directo con nuestros consumidores o clientes, entre otras muchas posibilidades.

Con todo lo anterior, me atrevo a adelantar que la presencia profesional en las redes sociales y el aprovechamiento adecuado del Social Media tiene un gasto mínimo en comparación con los beneficios que puede aportar en el medio y largo plazo. El nuevo modelo de negocio en un mercado tan segmentado y tan disperso debe apuntar precisamente a la consolidación en el tiempo y no únicamente a la venta inmediata. Queremos que compre, que vuelva y se quede con nosotros. Y eso, teniendo en cuenta el perfil del consumidor actual, se consigue no solo con un bombardeo de publicidad unidireccional, sino estableciendo lazos de alimentación y retroalimentación que nos enriquezcan a ambos. Y ahí estamos los profesionales del Social Media para lograrlo.

Humanidad en Social Media

Las empresas que automáticamente comparten las entradas de su blog a través del Social Media, tienen más repercusión que las que no lo hacen. Dato curioso para comenzar el post de hoy, cuando una de las cosas que más he criticado en el blog de TLB Comunicaciones ha sido, precisamente, la automatización. Pero no, no criticamos la automatización, sino la falta de humanidad y la total confianza en que los hechos no nos golpearán en la cara.

Imagina: España, comienzos de julio. La portada de un suplemento semanal del periódico ABC tiene en portada a Tom Cruise, quien a punto de celebrar su 50 cumpleaños, grita a los 4 vientos el amor que se profesa con su mujer y lo felices que son. Curiosamente, el día anterior, su ahora exmujer, Katie Holmes, presentaba la demanda de divorcio. La portada estaba obsoleta... Lo mismo ocurrió la semana pasada con la edición de los representantes olímpicos españoles: Rafa Nadal aparecía como cabeza de la delegación, el abanderado, pero un par de días antes había anunciado que no iría a Londres. Otro artículo perdido.

Vale que esto tiene poco que ver con el Social Media, pero sí tiene mucho que ver con la falta de previsión. Simplemente pensemos en la siguiente imagen: estás en la playa, tumbado tranquilamente mientras tu blog y tus redes sociales se alimentan de lo que dejaste programado para estas 3 semanas de descanso. Al comenzar la segunda semana, España se hunde, Europa nos rescata, el colapso económico provoca millones en pérdidas, en medio aparece el iPhone 5, una mala decisión de Zuckerberg hace que los usuarios abandonen Facebook y tu empresa es denunciada por filtrar información de sus clientes. Mientras, tus posts y tweets hablan sobre las vacaciones y el verano, y no alcanzas a evitar que se publiquen (porque la conexión a Internet a orillas del mar no es la mejor). Un mal post y un tweet erróneo, te han costado meses de trabajo con tu comunidad de usuarios.

Si bien es cierto que automatizar contenido y difusión puede ser una estupenda idea para no colapsar frente a la demanda de tiempo que genera una acción de Social Media, sobre todo para las pequeñas empresas y autónomos que se autogestionan, también puede ser una fuente de futuros dolores de cabeza. Para evitarlo, se debe realizar una monitorización total de lo que está ocurriendo y un control absoluto sobre qué se va a publicar y cuándo. Quizás una buena idea es dejar la programación para el mediodía o la tarde, de manera de tener las mañanas para comprobar que todo está bien y que nada que haya cambiado notoriamente pueda afectarnos.

Es importante comprender que hay ciertas cosas que no se pueden automatizar, como la relación con los clientes (respuestas predeterminadas, mensajes pregrabados, textos genéricos, etc.), al contrario de lo que ocurre con la información (horarios de atención, datos de contacto, la puesta en marcha de un nuevo servicio, etc.), que sí se puede manejar mejor, aunque eso no quita que hay que estar atentos a cualquier cambio de última hora, como puede ocurrir en terminales de autobuses, estaciones de tren o aeropuertos, por ejemplo. No obstante, nuestro trabajo nos empuja hacia las herramientas que puedan facilitar nuestro desempeño. Y, tal como decíamos, no está mal aprovecharlas, pero siempre teniendo en cuenta que será necesaria una vigilancia continua y un absoluto control sobre el contenido.

Además, es indispensable haber revisado con mucho cuidado lo que se va a publicar en cualquiera de los canales, porque si cometemos algún error, únicamente nos daremos cuenta cuando el efecto provocado se nos haya venido encima y el daño ya esté hecho.

Tal como dice Ryan Holmes en Fortune: "When consumers used to turning to social media for real, human intervention and connection end up running up against yet another automated message, the results may not be pretty. At the least, automated interactions should be flagged as such by the company, cautions Social Media Today's Alex Avendano"[21]. Y es que restarle ese punto de humanidad que el Social Media supone (contacto directo entre individuos, sin intermediarios, transparente y eficaz), puede afectar mucho a nuestra reputación y credibilidad.

El punto intermedio y al que debemos aspirar es a una automatización controlada no solo que nos facilite la vida, sino que nos deje tiempo disponible para preocuparnos del principal valor del Social Media: sus usuarios y, a la vez, nuestros clientes. Si nos olvidamos de ellos, no habrá herramienta de comunicación que nos salve del desastre.

---

21   http://tech.fortune.cnn.com/2012/07/23/tweetbots/

Información basura

Todavía hay quienes confunden una estrategia de Social Media con una sucesión de información en formato spam, capaz de saturar cualquier timeline o muro que se ponga por delante. Lo mismo ocurre con la gente que piensa que tener Twitter abre automáticamente una tribuna inagotable de datos basura que poco aportan y no hacen otra cosa que infoxicar a los destinatarios que, pocas veces, han solicitado esa información.

Internet es democrática y libre. Las redes sociales, reflejo de ello, se han convertido en el amplificador de muchas voces que, de otra forma, no hubiesen llegado a sonar. No está mal que así sea; pero, como todo, es necesario que se produzca un ajuste, una revisión del sentido de esa libertad. No se trata de establecer controles con intereses "superiores"; se trata de que, sobre todo quienes utilizamos profesionalmente estas herramientas, seamos capaces de discernir no únicamente entre la información que nos llega respecto a su utilidad e interés, sino también con respecto a la que generamos.

Si hablamos sinceramente, hay días en que la información me satura. Me agota saber que fulanita está en un Congreso compartiendo con "arrobas" varias o que menganito está iniciando el día con un desayuno y una reunión. De igual forma que me resulta totalmente inútil saber dónde se geolocaliza sutanito o si merenganita tiene o no sueño. De igual forma me saturan los periódicos, los telediarios e Internet, llenos de noticias que no son noticia, de programas insustanciales y de preguntas absurdas. Lo mismo me pasa con los blogs, con Instagram, con Twitter, Facebook y LinkedIn. Pero esa saturación de información no es, muchas veces, solo por la cantidad. La calidad también tiene su cometido...

Hace poco, haciendo un análisis sobre el desarrollo de una "campaña" de Social Media durante el último año para un cliente, pude reconocer varias cosas:

Que no había una estrategia detrás de ninguna publicación.

Descubrí que había 3-4 personas diferentes a cargo de las redes sociales, muy notoriamente diferenciadas en cuanto a su estilo.

El contenido, en su 85%, era inútil y sin mucho sentido. Por ejemplo, trabajo para una empresa de coches, y publico o hago retweets de todo aquello que tenga que ver con coches, sin criterio alguno sobre qué me conviene y qué no.

La comunidad no tenía la mínima sensación de pertenencia e identificación. Usuarios que, por casualidades, habían llegado allí. La conversación era inexistente.

La regularidad de publicación era "tipo spam": entre 10 y 15 post en días determinados, con muy pocos minutos de separación entre uno y otro (sin criterio), para luego ejecutar silencios de 2 o 3 días.

La lista de conclusiones es más larga, pero nos vamos a centrar en el material que estas ideas nos dan: falta de criterio, ausencia de estrategia, fallos en la comunicación y una absoluta carencia de dirección llevaron al cliente, en poco tiempo, no solo a estancar sus posibilidades "sociales", sino incluso a perderlas. Es lo que ocurre cuando se minimiza la relevancia del efecto comunicacional en las acciones emprendidas por otras áreas como ventas o marketing, basando su ideario únicamente en cifras absolutas, sin tener en cuenta lo que realmente vale: las personas que conforman la comunidad, y los intereses y las emociones que las motivan a participar (o no).

De nada sirven 100 posts en Facebook o 100 tweets, si no se establece un vínculo entre nosotros (quienes generamos las acciones de comunicación) y la comunidad de usuarios (quienes las reciben) y responder ante ellas. Y eso se consigue entendiendo, en primer lugar, para quién trabajo y a quién quiero conquistar; qué quiero conseguir y cómo pretendo hacerlo. Sin una base previa de estudio, de preparación, de conocimiento y, posteriormente, sin una buena ejecución comunicativa, todos los esfuerzos se convertirán en pérdidas. La muestra es que, por más que ofrezca beneficios o apetitosos premios, si no se establece ese vínculo emocional, todo cae en saco roto.

La estrategia de Social Media, en suma, es más que un número de intervenciones en Internet y en las redes sociales. Es la actitud, la filosofía, la acción y la ejecución de un plan comunicacional diseñado y puesto en marcha para alcanzar unos objetivos determinados. Todo lo demás se convierte o se convertirá en un cúmulo de spam que, en algún momento, se volverá tan indeseable como el spam del correo electrónico.

¿Cantidad o calidad?

Una de las preguntas recurrentes que nos podemos hacer quienes trabajamos en los Social Media es precisamente esa: ¿cantidad o calidad? No es fácil dar respuesta a ella, porque nada hay asegurado en cuanto a Internet. ¿Es mejor sacrificar de cierta forma el contenido y tener una presencia diaria (cantidad), o quizás es mejor privilegiar la calidad y colgar contenidos solo cuando haya algo interesante que decir?

Sabemos que el mundo de los Social Media avanza a una velocidad que no es la de otras manifestaciones artísticas o culturales. Un community manager no es un cantante que saca un disco cada dos años y la gente lo espera, lo recuerda. No, nosotros requerimos una presencia recurrente en Internet y una actualización permanente de perfiles, blogs y páginas web, sino caemos rápidamente en el olvido. Pero ¿dónde está el punto medio que siempre buscamos?

Es evidente que a veces abusamos de nuestra capacidad de generar contenidos. A todos nos pasa, nos ha pasado o nos pasará. Y abusamos también del uso de las redes sociales. Está claro que twittear 30 veces en una hora no es nada productivo; incluso, me atrevería a decir, es contraproducente. De igual manera, subir contenidos a diario o cada dos horas cansa, satura y nos pone en un riesgo mayor de caer en la monotonía, en la repetición y en una sucesión de errores. Pero también es verdad que si nuestro blog no se actualiza de forma recurrente y que si nuestros perfiles parecen abandonados, muchos usuarios no se lo piensan demasiado a la hora del unfollow.

Sin ánimo de pecar de relativista, por supuesto que todo depende del contenido y del continente. Lo importante es ser consciente de que no todo lo que producimos es interesante, de que no todo el mundo está a la espera de lo que tengamos que decir y de que esto es un trabajo continuo, que requiere planificación y que debe asumir ciertos riesgos. Todo lo demás, sin duda, se puede ir ajustando en la medida en que veamos resultados y gracias a la interacción –o ausencia de ella– de nuestros usuarios.

5 prácticas imperdonables en Social Media

1. No interactuar con los usuarios. La base de toda relación humana es la comunicación y si ella falla, aparecen los problemas. Al trabajar en Social Media y en todo lo que le rodea, tenemos que convertirnos en animales sociales, sociables y amables. Debemos tener en cuenta que somos la cara visible de una marca o de una empresa, por lo cual todas nuestras acciones comunicativas las van a afectar directamente. Si no vamos a hablar con nuestros usuarios y si, todavía peor, no les vamos a escuchar, emprender una acción de comunicación en redes sociales puede ser una mala decisión, y hacernos cargo de ella, una decisión irresponsable.

La vigencia de una comunidad se debe a una alimentación continuada de sus miembros y, hasta que ella no sea capaz de vivir por sí misma, será el community manager (CM) el encargado de proveer la información y fomentar la acción, en un trabajo milimétrico que va teniendo pequeñas recompensas y que, casi nunca, ocurre de la noche a la mañana. No todos podemos ser como Lady Gaga y tener millones de fans en cuestión de pocas horas.

La información que se incluya debe ser interesante para los usuarios, cercana y fiable. Todo lo demás podría generar efectos contrarios a los deseados y terminar por enturbiar la reputación on-line de la marca o empresa.

"Las compañías que no pertenecen a una comunidad de diálogo, morirán" (Manifiesto Cluetrain).

2. Mentir. Es uno de los tópicos más repetidos en los manuales de community management y en la boca de los gurús del Social Media, pero es una práctica bastante habitual aunque sea de forma solapada. La creación de falsos perfiles o la suma de personas cercanas a la marca (gente vinculada a la empresa) para que hable positivamente de nosotros, es uno de los errores más graves en los que se puede incurrir: si se descubre, será un fiasco y la empresa o marca, así como la persona encargada de sus comunicaciones on-line, quedarán marcadas por una falta de credibilidad que afectará no solo su reputación en la Red, sino que revertirá en su imagen pública. El poder de Internet es capaz de traspasar todas las fronteras y la comunidad de usuarios tiene mucho que decir ahora: simplemente es cosa de recordar el caso de "La Noria" (Telecinco), o lo que ocurrió con Intereconomía y la estampida de anunciantes que no quisieron ser relacionados con sus contenidos.

Además, creo que resulta bastante fácil identificar los comentarios "pactados" de los que no lo son. De la misma forma en que soy capaz de sospechar de la gente siemprefelizestupendamagnífica, no me creo una cascada de bondades sin un espíritu crítico y sin cierta distancia del producto. Una cosa es ser fan y otra, muy distinta, no tener criterio. Y no hay nada más sano que humanizar lo divino: si no crees en deidades ni dioses, ¿por qué divinizar una marca o una empresa? Nadie es perfecto del todo, y los usuarios quieren que se les hable con respeto, con claridad, con transparencia y con sinceridad, tanto de los procesos internos como de aquello que les importa como usuarios. La relación entre ambos, empresas y clientes, ya no se basa solo en una compraventa, sino que se ha sumado la identificación y la voluntad de comunicación.

"La mayoría de los planes de marketing se basan en el temor de que el mercado pueda enterarse de lo que realmente sucede dentro de la compañía" (Manifiesto Cluetrain).

3. Perder de vista el rol de líder de la comunidad. El CM o la persona encargada de la presencia en redes sociales, blogs y páginas web de una marca o de una empresa es parte de la comunidad; sin duda, es un miembro más dentro del entramado, pero jamás debe perder de vista su papel como dinamizador, gestor y líder de la comunicación dentro de esa comunidad de usuarios. Es él quien se encargará de proponer temas, de generar debate, de contextualizar, de promover el sentido de pertenencia e identificación. No se trata de mantener una posición superior, sino de saber quién es, para qué está ahí y cuáles son sus objetivos. Todo lo demás es simple trabajo comunicativo, sentido común, empatía, organización, inteligencia, creatividad y constancia.

El CM no debe perder de vista que es un igual con el usuario, pero que forma parte de una empresa con objetivos establecidos y un plan de trabajo. Por ello, nunca debe bajar la guardia. Una cosa es ponerse a la altura de la comunidad y ser un miembro de ella, pero otra muy diferente es hacer mal su trabajo, dejarse llevar por las pasiones o por motivaciones personales, y poner en peligro la imagen, la reputación y el mantenimiento adecuado de la comunidad. Su trabajo es generar relaciones, alimentarlas y obtener información de ellas, aprendiendo de la relación con los usuarios.

"Las compañías necesitan bajar de su pedestal y hablarle a la gente con quien esperan establecer relaciones" (Manifiesto Cluetrain).

4. La falta de contenido. Uno de los pecados mortales en el mundo del Social Media es la falta de contenido. Si no hay información interesante o la comunicación se vuelve monótona, hay un problema grave que, de no ser atacado con celeridad, puede tener un efecto nefasto, provocando una huída sin retorno de buena parte de la comunidad.

Pero esto no afecta solo a las redes sociales: una web estática o un blog de escasa actualización, poco tendrán que hacer como referencia para nuestro público objetivo, para la estrategia SEO, para la reputación on-line, para atraer más usuarios y para generar un sentido de pertenencia.

No me canso de remarcar la enorme importancia que tiene el contenido en todos los campos de este trabajo, casi tanto como la comunicación directa y las ventas. Si no hay buena información, eso repercutirá en una creciente desconfianza por parte de los usuarios, en la disminución de la actividad comercial y en un problema de imagen que puede ser irreversible. Los usuarios, tal como mencionábamos en entradas anteriores, tienen voz y quieren que se les escuche; tienen poder y quieren ejercerlo. Si no se les permite ese pequeño espacio de acción: interactuar, expresarse, informarse, comparar productos o servicios, conocer las motivaciones de la empresa detrás de una marca, etc., los habremos perdido, seguramente, para siempre.

"Queremos tener acceso a tu información corporativa, a tus planes y estrategias, a tus mejores ideas y a tu conocimiento genuino. No nos vamos a conformar con tus folletos a cuatro colores, o con tu web sobrecargada de chucherías visuales, pero con muy poca sustancia" (Manifiesto Cluetrain).

5. Dar por sentado al usuario y actuar de forma condescendiente. La falta de contenido y todos los demás errores, nos traen directamente a este apartado: la fidelidad es un bien muy frágil y el usuario no tiene ningún reparo en cambiar de marca o de producto si el valor añadido que le ofrece la competencia es mayor. El mercado global ha abierto las puertas a una feroz competencia entre iguales, lo que ha repercutido en una relación de interés entre todas las partes, donde el precio, la información y los valores añadidos (confianza, imagen, credibilidad, etc.) juegan un papel muy relevante en la relación entre el usuario y el producto.

Jamás se puede, entonces, dar por sentado al usuario. Y este error es excesivamente común en la actualidad, porque las empresas aún no comprenden el valor que esto implica. En casi todas las empresas de servicios se valora más la falta de fidelidad que una larga relación, lo que es muy visible en las ofertas, por ejemplo, de telefonía móvil: te doy un smartphone si portas tu número a mi compañía, pero si eres cliente durante 3, 5 o 10 años, apenas te doy un programa de puntos tan injusto como absurdo: por esa fidelidad te ofrezco un teléfono de mediana calidad y te ato dos años más a la empresa. Por eso la estampida hacia las nuevas operadoras no para...

El usuario no es tonto y es capaz de darse cuenta cuando le mienten. Y si no se da cuenta de forma inmediata, ya lo hará cuando ponga esa información en común con otros usuarios, más aún a través de Internet, que ha facilitado la relación entre esa masa informe de hace unos años y la ha convertido en un grupo de perfiles individuales y reconocibles que tienen voz, que exigen calidad, información y que quieren ser tomados en cuenta. La fidelidad está, así, abierta al mejor postor.

"Queremos que trates a 50 millones de nosotros tan seriamente como tratas a un reportero del diario financiero" (Manifiesto Cluetrain).

El fin del periodismo se acerca

Hay frases lapidarias respecto a los medios tradicionales del tipo: "el Social Media acabará con la prensa" o "el periodismo se ha vuelto vago". Y dando vueltas por distintos artículos que encontré en la Web, entiendo por dónde van esos augurios, pero sinceramente mi visión al respecto no puede ser más positiva.

El Social Media no es el enemigo de la labor periodística. Al contrario, se puede convertir en su mejor aliado. Tal como dice Mark Rock en The Wall, "Every story has an ideal medium of communication. For some, social media is the best way. Fast-moving events in particular lend themselves to this approach"[22]. Y, efectivamente, el desafío de los medios tradicionales que vuelcan sus esfuerzos en sus versiones on-line o que basan parte de su estrategia en las redes sociales, es adaptarse a esa nueva forma de contar historias.

El periodismo puede ser que se haya vuelto vago. Sí, es algo casi seguro. E Internet nos tiene acostumbrados a la total inmediatez, que ya había comenzado con la globalización y que se ha agudizado con la llegada de la tecnología de dispositivos móviles, abriendo las puertas a los antiguos lectores (receptores) para convertirse en reporteros (emisores), cambiando el paradigma comunicacional que hace no mucho estudiamos.

Ahí está la fuerza de las redes sociales y la piedra angular del cambio necesario: la integración de las distintas voces. Las redes sociales no son solamente un vehículo para la difusión de los contenidos de la edición impresa y de última hora (más que nada para atraer público hacia los sitios web que las contienen), sino que deben asumirse como una herramienta nueva y distinta para el ejercicio del periodismo.

¿Cómo hacerlo?

Lo primero, poniendo especial atención a las características de cada canal y sacar provecho de ellas. Así, se podrá generar contenido específico o un formato especial para cada red, teniendo a profesionales de la comunicación a cargo de cada uno de esos canales. El error de entender a las redes sociales como simples vectores de comunicación más que como fuentes de emisión, es lo que ha llevado a la labor periodística a quedarse varios pasos por detrás en la carrera. Y desde esta perspectiva, los medios tradicionales tienen una amplia desventaja en cuanto a esta nueva camada de reporteros "naturales": la inmediatez y la localización.

---

22   http://wallblog.co.uk/2011/12/13/social-media-isn%E2%80%99t-killing-journalism-%E2%80%93-but-it-is-fundamentally-changing-the-system/

En segundo lugar, se debe evitar la sobreexposición de los contenidos a través de los distintos canales, segmentando la información de acuerdo a las características de la red y de los usuarios que en ellas participan. No se trata de controlar el acceso a la información, sino de establecer pautas y estrategias que permitan favorecer la identificación, adaptando el mensaje e "individualizando" el contenido. Es un desafío mayor, pero todavía a la mano de la tecnología.

En tercer lugar, los periodistas debemos comprender el alcance que el Social Media tiene en nuestra profesión, mucho más allá de servir de ventana al mundo y comprenderlo como una puerta de acceso desde la cual no solo miramos, sino que podemos acceder a los hechos y convertirnos en protagonistas. La primera persona, la cercanía, la especialización y la experiencia, son valores que cobran mayor brío y le otorgan al ejercicio del periodismo una nueva dimensión. Se convierte así en una suerte de periodismo humano o ciudadano, porque surge desde los profesionales de la comunicación como entes sociales y no como espectadores de lo que ocurre en la sociedad.

En cuarto lugar, una buena ejecución de un plan de Social Media permitirá que los medios de comunicación cuenten con una comunidad de usuarios cercana, con una relación de confianza que, de ser en ambas direcciones, permitirá generar un clima de intercambio positivo para ambos. La información, que proviene cada vez más desde múltiples fuentes, podrá ser abordada desde distintos puntos de vista, ganando no solo en contenido, sino también en calidad de producción y distribución.

Por último, y no menos importante, la aparición de numerosas fuentes de información, más allá de su calidad, nos abre las puertas para estar más atentos a la humanización de las noticias. Cada vez es más fácil acceder a los protagonistas, a las fuentes y hacer un seguimiento en tiempo real de los hechos. La dimensión del periodismo que conocíamos (y a la que nos tienen acostumbrados los medios que no ven con buenos ojos los tiempos de cambio), está mutando hacia una nueva realidad del ejercicio profesional y de los procesos de comunicación. Un cambio que requiere la máxima de "renovarse o morir".

Si no se produce este cambio ni se asume que el Social Media es una voz necesaria, una presencia indispensable y un canal con vocación de futuro, la prensa tradicional tenderá a la desaparición y ganará la anarquía comunicacional. Lo mejor para el Periodismo, como disciplina y como vocación, es convertirse en protagonistas del cambio de los paradigmas conocidos y recuperar la posición de "voz del pueblo", de "narrador de hechos" que ha perdido gracias a una doctrina económica que ha invadido el espacio de las noticias para convertir la información en un mero producto de consumo.

El periodismo de calidad nace del placer de informar, de la responsabilidad de ejercer una profesión de amplio alcance y de representar una fuente fidedigna de información. Si eso falla y, además, no se avanza de la mano de una tecnología que lejos de ser foco de peligro es una aliada indispensable, su futuro sí está en peligro. Por el contrario, si se dan los pasos adecuados para recuperar la posición perdida y aprovechar las ventajas que la técnica nos ofrece, el ejercicio de nuestra labor todavía tiene mucho que decir.

ACTITUD 2.0

¿Por qué estar en las redes sociales?

La utilización de las redes sociales en el ámbito profesional está, como todo en un principio, recubierta de prejuicios a causa del desconocimiento que se tiene de su alcance. Sí, pese a todos los avances y los estudios, hay quienes entienden las redes sociales como un elemento de distracción, como un accesorio que resulta positivo tener, pero sin saber realmente por qué.

Son pocas las empresas, organizaciones y entes públicos los que han comprendido el real alcance de una red social bien construida. ¿Cómo se hace? Haciendo las cosas bien: primero, debemos saber a quién queremos llegar (público objetivo); segundo, debemos llegar a ellos y trabajar una relación, como cualquier otra (habilidad social); tercero, fidelizar a través de buenos contenidos y servicios (inteligencia social); cuarto, hay que proveer a los usuarios de la red una serie de contenidos útiles y necesarios (contenido estratégico); y, por último, siendo una presencia permanente, sin llegar a cansar ni traspasando los límites de proveedor-usuario, algo que nunca se debe perder de vista (presencia y reputación on-line).

Una vez que se han cumplido estos pasos, veremos que la red tiene un ciclo vital determinado y que son pocas las que sobreviven al objetivo inicial una vez que este se ha conseguido.

Si se han trabajado bien tanto los objetivos como los métodos y las acciones durante todo ese ciclo vital, el resultado se habrá visto reflejado en una mejora sustancial de la imagen de marca, de la fidelidad de los usuarios, en sortear con éxito algún bache comunicacional o haber puesto en común un concepto, una idea, un proyecto, pudiendo constatar así su repercusión y acogida.

Los efectos positivos pueden ser lo suficientemente alentadores para continuar con la presencia en las redes sociales, aprovechando todas las ventajas que ellas ofrecen, siempre y cuando el proyecto sea viable, objetivo y esté en manos de las personas adecuadas, en consonancia con el objetivo de la empresa o del grupo, y su estrategia para los próximos años.

Lo importante es comprender que la persona que se encarga de la realización de esas tareas tiene que poseer una cantidad de habilidades, inteligencias y conocimientos que no todo el mundo posee.

Comportamientos "punto cero" en la web

Internet ofrece posibilidades no solo para el desarrollo y crecimiento de grandes marcas, sino para que todos los usuarios puedan acceder en igualdad de condiciones a las herramientas de marketing y comunicación disponibles. "En Internet nos encontramos casi a la par de cualquiera, sin importar la estructura que tenga. Los precios pueden parecer más o menos los mismos, aunque no lo sean, las posibilidades también y no hay nada que una buena estrategia de posicionamiento en buscadores o un branding funcional no pueda hacer para ganar en convocatoria a muchos de los sitios mundialmente conocidos"[23].

¿Por qué, entonces, seguimos temiendo a Internet y no aprovechamos su potencial? Si bien es cierto que la marca comercial es de cada empresa o grupo empresarial, el destino de esa marca está en manos de los usuarios que decidirán comprarla o no. Y ahí radica el poder inmenso que tiene la web: el público tiene la última palabra y las empresas tienen que saber utilizar ese poder para su propio beneficio, pero con cuidado de no menospreciar ni infravalorar el poder de ese grupo de personas. "En el entorno digital, las empresas tienen más oportunidades que nunca para encontrar maneras de alentar a la gente –antes conocida como la 'audiencia'– a florecer en comunidades de interés común..."[24].

Bernardo Gutiérrez, en su blog, habla de la importancia de esa audiencia para el futuro de muchas empresas, dando ejemplos de cómo ese público anónimo que solo recibía información, se ha convertido en voz y parte de muchos procesos comunicaciones, asumiendo una actitud fomentada por las nuevas tecnologías y la filosofía que prima en la web 2.0 o en la 3.0. "...todavía existen marcas con un comportamiento 1.0. ¿Tiene sentido generar contenido vertical sin contar con los usuarios? ¿Tiene sentido cerrar las puertas de la participación? El principal error es considerar que Facebook, Twitter, MySpace o Google+ son sinónimo de redes sociales, y no meras herramientas o aplicaciones. Lo importante no es la red, la herramienta. Lo importante es la comunidad"[25], argumenta el autor.

Y precisamente la pregunta que se hace, respecto a por qué en un mundo como el actual todavía persiste ese comportamiento 1.0, es el centro de un problema de una vigencia abrumadora y de un desafío profesional que, de no cambiar, provocará modificaciones importantes en la percepción de las marcas y en su estabilidad. El usuario ya no es un receptor pasivo, un recipiente al que llenamos de todos los contenidos

---

23   Melzner, Sergio. Emprender en Internet. http://www.emprendereninternet.com/

24   Pickard, Meg. Power to the people (artículo). http://www.google.com/think/articles/power-to-the-people.html

25   http://blogs.20minutos.es/codigo-abierto/2012/03/06/de-las-redes-a-las-comunidades/

que queramos sin que él tenga conciencia de ello. No, ahora es un individuo único que participa activamente en la búsqueda de oportunidades y alternativas, que no se casa necesariamente con una marca y un concepto; y que, sin ninguna duda, está dispuesto a levantar la voz en caso de que necesite o quiera sentirse escuchado.

"Las mejores comunidades son aquellas que permiten a las personas (incluso a la empresas) comprometerse en contextos de interés y beneficio mutuos", afirma Pickard en el mismo artículo. Crear comunidad no es tener un público cautivo sin ningún esfuerzo. Al contrario, requiere de un trabajo serio y profesional, que no solo implica la parte concreta de la marca, del producto o del concepto, sino que también apela a las emociones de los usuarios, a su identificación con nosotros y a su sentido de pertenencia con la comunidad. Es tan simple como llevarlo a la vida diaria: no participamos mucho tiempo en un grupo en el que no se nos tiene en cuenta, o nos alejamos de aquel amigo o amiga a quien solo le gusta que le escuchen, pero tiene serios problemas para escuchar. "Las grandes marcas solo sobrevivirán si crean lealtad más allá de la razón: solo así podrán diferenciarse de las millones de insulsas marcas que se están quedando sin futuro"[26], sentencia Kevin Roberts, CEO de Saatchi & Saatchi.

La web de PuroMarketing publicó un artículo en el que se aborda la importancia que otorgan las empresas a los blog corporativos, donde un 25% de ellas lo consideraba fundamental como herramienta y otro 34% lo calificaba de importante. Y las redes sociales no se quedaban muy atrás: el 18% apostaba por LinkedIn, un 15% por Facebook, un 12% por YouTube y un 11% lo hacía por Twitter. En el mismo artículo, se hace mención a un informe realizado por HubSpot sobre el estado del inbound marketing, que arroja, entre muchos otros datos interesantes, que "los canales digitales afectan más a los usuarios y le cuestan a las empresas mucho menos (que otros como mailing, telemarketing o búsquedas pagadas). Por ejemplo, se observa que los blogs y los social media se mantienen en elevadas cuotas, con un 52% y un 45% respectivamente"[27].

Entonces, si cuesta tan poco esfuerzo y dinero comenzar a crear una comunidad, una presencia on-line y una estrategia de comunicación 2.0, ¿por qué todavía hay tantas empresas que no están dispuestas a dar el salto y se niegan a comprender la verdadera naturaleza de las redes sociales, los blogs y de otras herramientas de comunicación? ¿Qué se necesita para que lo entiendan? Es evidente que en tiempos de crisis se hace necesaria la apuesta por alternativas económicas y productivas, donde el riesgo sea bajo y donde exista una gran posibilidad de actuar y reconducir la estrategia para obtener beneficios, no solo tangibles (dinero, ganancias), sino también como inversión a futuro en cuanto a presencia social, fidelización y sentido de comunidad, de pertenencia.

---

26   http://www.adwesome.com/lovemarks.html

27   http://www.puromarketing.com/53/12367/empresas-blog-corporativo-consideran-fundamental-para-liderar.html

Acciones 1.0 con efectos 2.0

Es indiscutible, actualmente, que las redes sociales y la Web 2.0 son parte importante de nuestras vidas, así como también es difícil argumentar en contra de la premisa que dice que lo que ocurre en unas, influirá en las otras inevitablemente. Y justamente es aquí donde la labor de un profesional del Social Media puede marcar una gran diferencia: el éxito o el fracaso de una acción y la repercusión que tendrá en la Red.

Para ejemplificar esto, voy a recurrir a dos casos muy sonados: NH Hoteles y el efecto Streisand. El primero, un caso de éxito, se dio cuando en un evento de Social Media que se llevó a cabo en Madrid en febrero de 2011, se les ocurrió escribir "#FF por elegir @NH" con caramelos en la cama de los asistentes. El resultado, casi 70.000 impactos en Twitter y trending topic ese día para la cadena hotelera. Es el mejor ejemplo de que una muy creativa acción 1.0 (los caramelos), pudo generar un efecto exponencial en la red que trajo muchos beneficios a la marca y una indudable mejora en la percepción del público hacia la empresa.

El segundo, gracias al cual nació el concepto de "efecto Streisand" se debe a la actriz, directora y cantante Barbra Streisand. Y no precisamente porque sea un referente en Social Media, sino por manejar muy mal un tema que terminó por reventar en su propia cara: en un reportaje sobre la erosión de la costa californiana del fotógrafo Kenneth Adelman, apareció la casa de Barbra y ella lo demandó por 50 millones de dólares. El asunto es que nadie sabía que era su casa hasta que interpuso la demanda. La jugada salió tan mal que una información irrelevante y que no mencionaba a la actriz, terminó multiplicándose por la Red. Así nació el "efecto Streisand", que se da cuando un intento de censura o de manejo de la información, acaba por provocar mucho mayor revuelo mediático.

¿Dónde juega un papel importante un profesional del Social Media? Pues en la decisión de ejecutar un plan de acción o una reacción en las redes sociales, de analizar el escenario y los medios, de comprender el alcance que puede tener una u otra decisión. Si una decisión comunicacional es acertada, el efecto puede traer muchos beneficios; pero, en caso contrario, puede provocar un desastre de proporciones monumentales. Lo primero es jamás temer a un comentario negativo en Social Media. Lo mejor es abordarlos adecuadamente y sacar de ellos el mayor provecho, en cuanto a aprendizaje, para manejar futuras situaciones y para acercarnos todavía más a nuestros usuarios. Nunca se debe censurar a nadie (la base de la Web 2.0 es la democracia total) y es mejor dejar en manos de los expertos las tareas de comunicación para evitar resultados negativos como el "efecto Streisand".

Lo mejor que podemos sacar de estas dos experiencias es, además del manejo comunicacional, es que pequeñas acciones pueden significar grandes cosas, potenciadas aún más con la ayuda de las redes sociales. Es decir, que con poco dinero y mucha creatividad, se puede lograr un golpe de gracia que dé mucho mejor resultado que grandes campañas de marketing o complicadas estrategias de posicionamiento.

Proyectos 2.0: mucho más allá de la estética

La actitud 2.0 no implica únicamente abrir una página web o un blog. Aunque muchos crean que el hecho de tener una web estática o un blog institucional les abrirá las puertas de un nuevo mercado y de múltiples alternativas de publicidad, el espíritu 2.0 es otra cosa completamente distinta.

Hace poco me tocó trabajar en un proyecto de transformación de una publicación en papel hacia su versión on-line. Dejando aparte el largo y doloroso parto provocado por el volcado de contenidos y la definición de los objetivos esenciales de la web, además de los usuales problemas de presupuesto –"quiero que todo sea gratis"–, de no entender los conceptos básicos –usabilidad, diseño, comunicación, interacción– y de cierta reticencia a todo lo que no fuese la forma tradicional de hacer las cosas –"esto llevo años haciéndolo así"–, una de las cosas que más me llamó la atención era la absoluta negación ante las redes sociales por gran parte del equipo que estaba en la parte creativa de esta conversión hacia una revista en Internet.

¿Qué van a decir?, ¿para qué nos sirven las redes sociales?, ¿qué pasará cuando haya comentarios negativos?... Había una intención por mantener la unidireccionalidad de la comunicación –y la sigue habiendo en el proyecto–, lo que implica un error gravísimo de concepto. ¿Estás creando una revista institucionalizada de buen diseño o estás intentando construir una comunidad alrededor de tu revista que será capaz de sostener el proyecto entero en el futuro? Pese a las múltiples explicaciones y comentarios sobre la importancia de la interacción con los usuarios, de crear una unidad de blogueros y blogueras que enriqueciera el contenido del sitio en su globalidad, y de dedicar buena parte del tiempo a las redes sociales para crear y fortalecer esa comunidad (abriéndola hacia un público más joven), la respuesta fue tajante: no hay presupuesto para eso.

El problema, evidente en tiempos de crisis, es la falta de recursos para poner en marcha nuevas ideas. Pero sería mucho más inteligente apostar un poco más de dinero a un proyecto a medio y largo plazo, que mantener una visión cortoplacista con un proyecto destinado al fracaso, absolutamente ajeno a lo que ocurre actualmente en la red y con un público cautivo actual que, sin duda, supera la media de 50 años (con los usos y desusos que ese grupo tiene respecto a la Red). Así, en vez de invertir un poco más de dinero para reforzar la estrategia de comunicación alrededor de la revista, se podría llegar a perder toda una inversión de tiempo, dinero y esfuerzo en sacar un producto bonito, bien diseñado, pero fuera del tiempo, sin posibilidades inmediatas de convertirse en lo que podría ser un portal interesante y con mucho potencial de negocio.

La ausencia de ese espíritu 2.0 pasará factura (obviamente espero que no). Y me pregunto si quizás hubiera sido mejor mantener el servicio actual de descarga en PDF (a coste cero prácticamente) que haber invertido unos cuantos miles de euros en una web –muy bien diseñada por cierto–, pero sin ninguna nueva funcionalidad más que la estética. Creo que esa era la pregunta fundamental de todo el proyecto. ¿Por qué cuesta tanto hacerla?

Ser social y actuar como tal

Acabo de leer la reseña de un libro de Nilofer Merchant (11 Rules for Creating Value in the Social Era) y me quedo con una de las frases que se atribuyen a la autora: lo "social" va mucho más allá del "media". ¿Por qué cojo esta idea? Pues porque no basta con estar en las redes sociales, sino que se debe asumir una actitud social, que va mucho más allá de abrir espacios de conversación y utilizar los canales.

Merchant habla de que las empresas deben perseguir una cierta apertura, una actitud volcada hacia el exterior. Curiosamente, en un foro de LinkedIn, alguien decía que la comunicación corporativa debía ser hacia dentro, que los asesores comunicacionales no deberían pensar en una idea de apertura. En parte tiene razón, porque obviamente hay una parte "privada" del mundo empresarial que es mejor que no se vea, corporativamente hablando; no obstante, hay todo un mundo de posibilidades para asumir esa actitud social de la que tanto se comenta.

No se trata de abrir las puertas y derribar los muros; al contrario, se trata de crear paredes de cristal que permitan a los usuarios ver y conocer parte de la empresa que está generando sus productos y/o servicios, pero sin traspasar ese entorno de privacidad o de "silencio" que existe y, ciertamente, debe existir. "Ojos que no ven, corazón que no siente" reza el dicho. Aquí ocurre lo mismo: puedo ser muy transparente en cuanto a mi actitud, mis presupuestos, mis acciones públicas, mis balances; estar presente en redes sociales y mantener un diálogo abierto con la comunidad de usuarios. No obstante, eso no quita que haya una porción de mi entorno corporativo que permanezca alejado de la voz pública hasta que sea el momento (o no) de hacerlo. Aquí es donde conviven la actitud social y la comunicación corporativa "privada" de la que hablaban en el foro de LinkedIn. Como digo, no creo que sean incompatibles...

Pero volviendo a Merchant, la base de todo esto es la actitud más que la acción inicial. No basta con estar en las redes sociales o con abrir canales de comunicación, si luego esa conversación que se genera a través de ellos no llega a ninguna parte. Lo primordial en esta actitud es aprender a escuchar, aprender de lo que escuchamos y actuar en consecuencia. Sin ánimo de repetirme, el valor de esa conversación es tan alto, que todavía hay muchas empresas y muchas personas que no son capaces de dimensionarlo, porque escapa a sus posibilidades. Nunca las voces del mercado estuvieron tan cerca...

Y la actitud social va en todas direcciones: incentivar a nuestros trabajadores y compañeros a participar en las redes sociales no solo generará una actitud positiva, sino que también fortalecerá los vínculos de identificación con el trabajo; escuchar e incorporar lo que nos dicen los usuarios, aportará valor y mejorará la imagen que se tenga de la marca o de la empresa. Esto puede generar corrientes positivas en varios sentidos: el usuario puede sentirse "parte" si se siente escuchado y partícipe de las decisiones que se toman, con el evidente resultado positivo que eso implica; los trabajadores asumen que su aportación a la empresa va más allá de una relación mercantil y genera un vínculo más allá de lo profesional, con lo beneficioso que eso puede ser. Y, sobre todo, con este cambio de actitud se abren las puertas a una nueva era social, en la que las empresas y los usuarios han cambiado su posición en la escala relacional.

¿Dónde están los usuarios?

"You can't capture the wisdom of the crowds if the crowds don't participate. The value comes not from the technology itself but from user participation"[28] (Anthony J. Bradley y Mark P. McDonald. Harvard Business Review).

O lo que viene a ser lo mismo: el valor del Social Media está en la participación de los usuarios, dentro o fuera de una comunidad. Y si no están, ¿vale la pena el esfuerzo? Es lo que ocurre con los documentales de televisión: todo el mundo dice verlos, pero las mediciones de audiencias los suelen situar en torno al 2%. ¿Qué ocurre? Pues que los ponen en horarios absurdos, de bajo seguimiento, con lo cual volvemos a la eterna disyuntiva: la pescadilla que se muerde la cola.

En Internet ocurre el mismo fenómeno: si volcamos nuestro esfuerzo en el establecimiento de canales de comunicación, en la generación de contenidos interesantes y otra serie de estrategias, pero todo ese esfuerzo no tiene eco en los usuarios, hay dos caminos posibles: retirarse dignamente o replantear el plan de acción. Por supuesto que nuestra apuesta es replegar, revisar, reformular y volver a la carga. ¡Nunca retirarse!

Nadie tiene la fórmula absoluta del éxito (sino todos seríamos ricos y famosos). Lo que funciona en un sitio, en otro no tiene repercusión. Pero sí hay una serie de factores que pueden permitirnos conseguir esa ansiada interacción con los usuarios, que no es otra cosa que la base fundamental de todo el espíritu "dospuntocerista" que domina las comunicaciones actualmente. Escuchar más que ser escuchados; proponer más que imponer; aprender más que enseñar.

El valor de nuestra red no está precisamente en los canales escogidos, sino en los usuarios que nos siguen y conversan entre ellos y con nosotros. Tal como dicen Bradley y McDonald, el valor no lo tiene la tecnología. ¿Qué hacemos entonces? Aprovechar esa tecnología para entrar en el corazón de los usuarios. También hemos hablado varias veces sobre el valor de las emociones en Social Media, de impactar a la comunidad y vincularla, no a través de contenidos vacíos y prometedores concursos –que una vez terminados disminuyen notoriamente la vinculación (el engagement que llaman los angloparlantes) con nuestra marca o empresa–, sino con un contenido personalizado, bien elaborado, sostenido por otros elementos (imágenes, vídeos, podcasts) y en diversos canales (blogs, redes sociales, newsletters, etc.).

La importancia que cobra la estructura y la consistencia de mensaje es vital para crear ese lazo especial con el usuario, ese que le hará volver

---

28   http://blogs.hbr.org/cs/2011/10/the_true_so-what_of_social_med.html

una y otra vez a comunicarse con nosotros. Las fórmulas de provocación, las preguntas abiertas y otras tantas manidas hasta la saciedad tienen sus días contados. Los usuarios buscan un mensaje consecuente, una imagen cercana y respetuosa, que aporte valor, que sea de confianza, que asuma y aprenda de sus errores. Ejemplos de ello aparecen todos los días en las publicaciones especializadas (si tal o cual marca tuvieron una crisis comunicacional que convirtieron en algo positivo o la llevaron a un desastre mayor). ¿No vemos que la línea que conecta estos puntos la encontramos en las emociones y no en métricas cuantificables o monetarias?

Las marcas deben estar donde los usuarios estén y deben ser capaces de adaptarse a un mundo que es tan cambiante y volátil como nuestros sentimientos. Si somos capaces de enamorarnos y desenamorarnos unas cuantas veces en nuestra vida privada, los usuarios tienen la misma posibilidad de hacerlo con nuestra empresa o nuestra marca. Y ahí está nuestro trabajo: encontrar la manera de mantener el encanto, alimentar el romance y generar interés. ¿Romántico, no? Absolutamente, pero es que la premisa debería ser que amamos a nuestra comunidad y que ella es el centro de nuestra atención. De lo contrario, todo nuestro esfuerzo no será más que un vacío donde el eco de nuestra voz no tendrá ninguna repercusión.

Los nuevos usuarios

Hemos hablado del cambio que se ha producido en el mundo de las comunicaciones y del marketing con la llegada del 2.0: ha cambiado el mensaje, la forma de comunicación, el contenido, el nivel de relación entre las partes, el sentido de la comunicación y muchas otras cosas. Pero quizás lo que más llama la atención, al menos a mí, es el cambio en el rol del usuario, del cliente; deja de ser pasivo para sacar la voz, contextualizarla y difundirla por la red. Resulta como si hubiéramos descubierto el potencial comunicador que llevamos dentro y, en una suerte de sentimiento democrático, quisiéramos compartirlo con los demás y convertirnos en líderes de opinión.

Esto no lo digo como algo negativo, no. Este despertar al ego de las comunicaciones me parece uno de los fenómenos más interesantes y llamativos de los últimos años: si antes se contaban con los dedos de una mano los clientes que levantaban la voz para quejarse públicamente por un trato injusto, por un producto defectuoso o por el motivo que sea, ante una empresa omnipotente que poco tenía que perder, hoy el equilibrio de poder ha cambiado totalmente y tiene al usuario como referente obligado y permanente. La difusión que puede alcanzar en Internet y la facilidad en el acceso a la información, han permitido que esa pasividad se transforme en una actitud activa, poderosa, de igualdad, en la que nadie puede ser ignorado. Además, ha creado un campo nuevo en el que las empresas se han visto obligadas a entrar: la Comunicación (con mayúscula), el diálogo y la información más transparente (aún no del todo), donde el público exige tener voz y, lo que es mejor, consigue tenerla.

Después de pasar un buen puñado de años bajo el techo de la comunicación de masas, donde los usuarios no éramos más que una masa sin forma, la llegada de la filosofía 2.0 ha cambiado la forma en que el mensaje debe ser entregado: el usuario se convierte en un ser individual insertado en un colectivo, pero al que no se le puede tratar como un simple igual. La comunicación unidireccional ha tenido que abrir el camino a una comunicación multidireccional, horizontal y tan dinámica que las empresas más ágiles en reaccionar han tenido que invertir tiempo y dinero en estudiar, controlar y adelantarse a este nuevo fenómeno, apostando por departamentos y especialistas 2.0. "Como dice el Manifiesto Cluetrain (Locke et al., 1999), convertido ya en un clásico de la filosofía 2.0, los mercados son conversaciones, y ya no pueden entenderse desde un punto de vista unidireccional, liderado por la empresa"[29]. (Cristina Aced, @blogocorp, Perfiles profesionales 2.0).

Ahora al usuario se le conquista no solo con publicidad, sino con información, con cercanía, ganándose su confianza. "La vinculación es la

---

[29]   http://cristinaaced.com/blog/2010/02/21/perfiles-profesionales-2-0-editorial-uoc/

nueva publicidad. Y la relación con un cliente cuyos hábitos tecnológicos lo han transformado en un animal 'supersocial' e 'hiperconectado' se producirá de forma natural en Internet"[30]. (Fernando Polo Hernanz, Socialholic). Como decía antes, el equilibrio de poder ha cambiado y el usuario ha pasado a ocupar un rol dominante y activo, en el cual otorga mayor valor a ser tomado en cuenta como igual que al valor inherente del producto o a la fidelidad hacia la marca. Internet es la herramienta ideal para fomentar y consolidar ese cambio, ya que ha abierto la posibilidad a muchos nuevos comunicadores de levantar la voz y de convertirse en referencia para otros usuarios, obteniendo muchas veces más credibilidad que las propias marcas o empresas.

Por eso la apuesta debe apuntar no solo hacia esa comunicación multidireccional, sino también hacia la individualización del mensaje, la personalización del servicio y la atención al cliente, tan vilipendiada y desmejorada en los últimos años. La premisa de que "el cliente siempre tiene la razón" nunca cobró mayor importancia. Pero no se trata de darle la razón como a un tonto, sino de escucharle y aprender de ellos. Nunca antes fue tan fácil acceder a la opinión de los usuarios como forma de estudiar el mercado y sus posibles comportamientos. La información está al alcance de nuestra mano y las empresas deben utilizarla como una herramienta indispensable en esta nueva filosofía.

Tal como dice Cristina Aced, "Si el consumidor cambia, la empresa ha de cambiar con él, y el profesional de la comunicación ha de adaptarse a estos cambios" (Perfiles profesionales 2.0), confirmando que el cambio que se está generando no solo ha provocado ese cambio relacional entre cliente y empresa, sino que el resto de los actores que giramos alrededor también tenemos que aprender a reinventar no solo la profesión, sino la forma de ejecutarla. La filosofía 2.0 traspasa las fronteras de Internet para adentrarse en distintos aspectos de la vida personal y laboral. Y quien no esté dispuesto a verlo y asumirlo, perderá la porción del mercado que le corresponde y tendrá que abrir, obligadamente, el espacio a los nuevos perfiles profesionales, comerciales y de clientes que están por venir: los nuevos usuarios han llegado para quedarse (al menos por ahora).

---

30   http://www.amazon.es/Socialholic-necesitas-marketing-medios-sociales/dp/8498751918

Usuarios al poder

Es difícil poner en duda, actualmente, la importancia de la relación con el cliente en el éxito sostenido de una empresa. El cambio de rol que se ha generado en la propia conciencia del usuario, así como en la posibilidad de ejercer su influencia, han permitido virar el eje del poder desde el departamento de comunicación de una empresa hacia el usuario final, que se convierte en el protagonista que es capaz de marcar la reputación de una marca o de un producto en cuestión de minutos. "Ya no es posible hacer oídos sordos ante las reclamaciones de los consumidores descontentos o pretender ocultar sus quejas. Hoy, un cliente disconforme puede causar una crisis que perjudique la imagen pública de una empresa de una forma simple y efectiva"[31] (Silvina Moschini. Claves del marketing digital).

Ya he abordado varias veces el tema de la atención al cliente y la labor del CM en este sentido, por lo que no voy a volver a redundar en las actividades y en las acciones necesarias para cumplir con este cometido. Pero sí voy a incidir en la necesidad de que las empresas aborden este tema desde una perspectiva receptiva y, a la vez, activa, evitando caer en la pasividad y en la reacción. Al igual que en el campo sanitario, es indispensable asumir una actitud preventiva y adelantarse a las necesidades y exigencias del cliente en este caso, abriendo los canales de comunicación y preparando distintas iniciativas para que se conviertan en el punto de encuentro necesario entre consumidores y prestadores de servicios, entre usuarios y empresas.

Lo importante, además, es que no lo hagan desde un punto de visto operativo y de capital, sino que se tengan en cuenta otros factores que están cobrando mayor relevancia según avanzamos en el siglo XXI: la identificación personal, la valoración emocional y el sentido de pertenencia, muy por encima de otros valores. La creciente oferta y las múltiples posibilidades para satisfacer ciertas necesidades, han convertido la competencia no solo en una cuestión de números, sino que la han llevado a navegar por otras aguas: los sentimientos que despiertan las marcas y los productos. Tal como afirma Silvina Moschini, "En la era de las redes sociales, la relación usuario-empresa se define en una arena emocional, en la cual se exige algo más que la simple satisfacción de necesidades: hay que generar un vínculo con el usuario". Dicha idea es compartida por Fernando Polo Hernanz en Socialholic: "La vinculación es la nueva publicidad. Y la relación con un cliente cuyos hábitos tecnológicos lo han transformado en un animal 'supersocial' e 'hiperconectado' se producirá de forma natural en Internet"[32].

---

31   http://www.amazon.es/Claves-del-marketing-digital-ebook/dp/B007TWL150

32   http://www.amazon.es/Socialholic-necesitas-marketing-medios-sociales/dp/8498751918

Como vemos, este problema no es nuevo ni desconocido; y, pese a ello, muchas empresas siguen negando la relevancia de estos conceptos y ciñéndose a una concepción empresarial que se está quedando obsoleta, donde la empresa era la que dictaba la dirección del mercado. Hoy, quizás de forma arriesgada y demasiado vanguardista, podemos decir que son los usuarios los que están generado un cambio en esa dirección, convirtiéndolo en un espacio todavía más volátil, pero en el cual tienen el poder de exigir ser tomados en cuenta, respetados e informados sobre las políticas empresariales, los productos y las condiciones en las que se ofrecen. Por esta razón, es indispensable que las empresas entiendan que, sin perder su cuota de poder, deben asumir que su ejercicio ya no depende solo de sí mismas y sus acciones, sino que de una parte cada vez más relevante en la relación mercantil: la comunidad de usuarios.

"Es razonable suponer que aquellos que no logren sintonizar con las cambiantes necesidades de los consumidores se queden 'afuera' del círculo y fracasen…" (Silvina Moschini. Claves del marketing digital). La afirmación de Moschini no es baladí, y muchos otros autores coinciden en la necesidad de que la concepción obsoleta de la relación empresa-consumidor dé paso a la idea del nuevo escenario en el que nos estamos moviendo. "Si el consumidor cambia, la empresa ha de cambiar con él"[33] (Cristina Aced. Perfiles profesionales 2.0). Y los profesionales de la comunicación, ya sea en la vertiente off-line como en la on-line, debemos llevar la delantera, porque sin importar el canal por el que se desarrolle la comunicación entre las partes de esta relación mercantil (aunque es inevitable el giro hacia el on-line), habrá que tener en cuenta la situación en la que tendremos que ejecutar las distintas acciones comunicativas: el usuario tiene voz, la utiliza y quiere ser tomado en cuenta, más allá de números y más cerca de sus sentimientos.

Una vez que hemos conseguido llegar a las emociones de alguien, a hacer que la comunidad de usuarios se sienta parte de algo, los resultados –ese ROI reconvertido en Influencia Recíproca (Reciprocity of Influence, término citado por David "Historian" DeWald[34])– mejoran positivamente, porque se convierten en la mejor voz de una comunidad o de una organización. Se despierta el sentido de pertenencia y, junto con él, un compromiso tácito que permitirá que esos miembros abran el camino de otros usuarios hacia nuestra comunidad, que deberán recibir el mismo trato que los anteriores para que el proceso vuelva a repetirse y nuestra reputación pueda seguir consolidándose. Los usuarios caminan hacia una cuota mayor de poder y no podemos permanecer ajenos a esta tendencia.

---

33   http://cristinaaced.com/blog/2010/02/21/perfiles-profesionales-2-0-editorial-uoc/
34   http://www.thehistorian.org/2012/01/11/the-new-social-roi-reciprocity-of-influence/

El poder del cliente

¿Por qué mis clientes deciden comprar en mi tienda y no en otra? ¿Por qué contratan mis servicios y no los de otros? Las respuestas nos pueden llevar a grandes profundidades filosóficas, económicas o de marketing, pero la solución puede ser muy simple: porque así lo sienten. ¿Por qué? Aquí ya entran en juego muchos factores, pero hoy nos vamos a centrar en uno de forma particular: la atención que le brindamos al cliente y el espacio que le ofrecemos para actuar como tal. Veámoslo con más detalle.

Lo primero que tenemos que hacer al pensar en una estrategia de comunicación es en quienes van a recibir el mensaje y lo que podrán hacer con él. Teniendo en cuenta la dinámica que se da actualmente entre usuarios y empresas, sería lógico contar con un espacio donde ellos pudiesen volcar sus experiencias, positivas y negativas, con el producto, con la atención, con el proceso, con la sensación, etc. Curiosamente, las empresas todavía siguen pensando en un público pasivo e idiotizado ante un televisor, cuando el usuario (sobre todo los más jóvenes) es un verdadero animal social multipantalla, hiperconectado e hipercontextualizado. Si le cortamos las manos antes de empezar, ¿realmente esperamos que responda positivamente?

Las estrategias en la actualidad deben apuntar a la participación activa (no pasiva), a la opinión personal y a brindar opciones para que los usuarios decidan cómo quieren ser informados. Este es uno de los puntos claves en el cambio de la relación: el cliente quiere tener la posibilidad de elegir cómo, cuándo y sobre qué ser informados. La publicidad intrusiva está en retirada (aunque muchos todavía no se convenzan de ello) y es mejor que los usuarios estén abiertos a recibir publicidad que a invadir un espacio tan personal como el ordenador, el correo electrónico o un blog con información que no han solicitado.

Pero el cliente no solo tiene ese poder como elemento activo. También cuenta con una carta ganadora: el eco que puede hacer de nuestra empresa, marca, producto o tienda. Es una de las más puras formas de storytelling natural, donde valdrán mucho más su experiencia y sus emociones que cualquier otro elemento a la hora de provocar una suerte de "viralidad" entre su entorno. Si se hace bien, el crecimiento es exponencial; si se hace mal, por el contrario, el daño puede ser muy grave. Pero ¿cómo hacerlo? Una de las opciones que más a mano tenemos en la actualidad es el Social Media y todas las herramientas de comunicación, control y monitorización que nos ofrece. Su poder, al menos por ahora, no debería ser puesto en duda, porque si se optimiza su uso, se puede convertir en el mejor aliado para generar la participación de los usuarios y la propagación de un mensaje que nos interese difundir.

Tal como dice Ted Rubin en su blog, "Believe it or not, the customers you already have can help you out with this –and all you have to do is ask. But this is where a lot of companies fall down when using social [...] They sink money into platform advertising, contests, and mobile apps to attract new followers, but forget completely to tap the one source that could exponentially increase their reach... the people who have already bought from them!"[35]. Un usuario consciente de su capacidad y de su poder quiere ser reconocido y valorado. Basta ya de pensar en la masa informe y el público estupidizado. Ahora lo que se lleva es la voz alta y clara. No hay más que constatar la proliferación de sitios web (incluso de redes sociales) que recogen las opiniones de los usuarios para que otros puedan tomar decisiones: sobre actividades de ocio, hoteles, vacaciones, aerolíneas, tiendas de ropa, ofertas, etc. La oferta es cada vez más amplia.

Entendiendo este fenómeno como tal, lo lógico sería contar, entonces, con el cliente como aliado. Y es el mismo Rubin quien nos brinda la respuesta: "Making it your policy to develop good relationships with your customers is what will differentiate your brand from the others. Make that your priority. Create conversations that matter, to those who matter to you. Think engagement, not media". Debemos luchar por establecer una conexión directa con usuarios relevantes que nos abran las puertas hacia nuevos clientes. Debemos generar contenidos interesantes, abrir espacios de conversación en los cuales se sientan atraídos y quieran participar. Pero esto no se debe hacer con promesas vacías o con artimañas. La transparencia como forma de ganarse la valiosa y necesaria confianza de nuestra comunidad, tiene un valor incalculable.

Sobre todo, hagamos que se sientan parte de algo, que se identifiquen de alguna manera con lo que les ofrecemos, porque eso será lo que les motivará a volver con nosotros y no a buscar nuevas opciones. No sé si a vosotros os pasa, pero he tenido malas experiencias en restaurantes que tienen una cocina sublime y una carta magnífica. ¡Jamás he vuelto a ellos! La experiencia como cliente es fundamental para crear ese vínculo especial. Si eso falla, el esfuerzo está perdido. Pero si eso se planifica y se ejecuta de buena forma, el resultado está prácticamente garantizado. Tal como dice Maya Angelou, "podrán olvidar lo que dijimos o lo que hicimos, pero nunca olvidarán cómo les hicimos sentir"[36].

---

35   http://www.tedrubin.com/want-to-scale-social-messaging-get-your-customer-s-help/

36   http://www.goodreads.com/quotes/5934-i-ve-learned-that-people-will-forge-t-what-you-said-people

El efecto comunidad

"El Social Media permite a las comunidades de clientes ser más grandes, más rápidas y mejor organizadas"[37], dicen Frances Frei y Anne Morris en su post publicado en Harvard Business Review. Pero continúan: "Esto son buenas noticias para los buenos servicios y malas, para los malos servicios". Nada más acertado.

Los clientes, acostumbrados a esa posición de poder que han asumido en la ecuación, están dispuestos a hablar. Gran parte de ellos ceden parte de su tiempo para hablar positiva o negativamente sobre sus propias experiencias como usuarios. Y lo hacen a través de plataformas que les permitan compartir sus impresiones y recibir feedback por parte de otros. ¿Es esto malo? Tal como dicen las autoras, dependerá de la calidad del servicio prestado o del producto elegido.

Parece obvio pensar que un mal servicio generará una respuesta negativa por parte de los usuarios. Efectivamente es así y siempre ha ocurrido de esta forma. La diferencia es que esa corriente negativa tiene ahora mayor repercusión, por lo que un error puede costar muy caro a las empresas en el escenario actual. El efecto comunidad ha cobrado mayor fuerza y su capacidad de crecimiento ha aumentado de forma exponencial: pasamos del reducido número de vecinos, amigos y familiares, a una multiplicidad de individuos conectados en un mundo globalizado. El espacio de influencia se ha ampliado gracias al Social Media, con todo lo que eso significa.

Las empresas deben comprender que ese espacio no les pertenece y que la forma de influir en él no es únicamente el bombardeo de información, sino la participación, la transparencia, la conversación y la confianza. Según Frei y Morris, el Social Media no solo permite conseguir clientes con mayor rapidez y menor coste, sino también trabajar con ellos para mejorar nuestros modelos de servicios. Los caminos son diversos, pero permiten aprovechar el potencial de las herramientas del Social Media: contacto directo, inmediatez, cercanía, tiempo de uso, permanencia, integración, clasificación, etc.

Si sabemos aprovechar esas ventajas, el aprendizaje que podemos obtener de la comunidad de usuarios que nos rodea y las acciones que pueden ejecutarse a partir de esa retroalimentación, nos permitirá llevar nuestro proyecto a una nueva situación con respecto a nuestros clientes: saber qué quieren, qué esperan, qué les motiva y ofrecerlo. Eso no cambia el eje del poder (que actualmente se sitúa en el usuario), sino que nos permite asumir una actitud activa en la posición que nos encontramos. De esta forma, podremos estar más atentos a los cambios que se produ-

---

37   http://blogs.hbr.org/cs/2012/07/use_social_media_to_partner_wi.html

cen con respecto a nuestra marca o producto, las necesidades que debemos cubrir y los resultados que cualquiera de nuestras acciones tenga, prácticamente en tiempo real y sin intermediarios.

Por ello, el trabajo con nuestra comunidad nace de una cesión de poder por nuestra parte, la adquisición del nuevo rol por su parte y el espacio para que se desenvuelvan, participen e influyan en su entorno on-line inmediato (además del off-line), mucho más amplios que antes de la aparición del Social Media. Si sabemos hacer esa cesión de poder, se generará un flujo de información continuo y valioso desde y hacia los distintos niveles de la empresa u organización, que nos permitirá desde plantear y replantear estrategias hasta generar nuevas acciones a futuro, basándonos en lo que los usuarios demandan.

No se trata solo de hacer que los clientes adquieran tus productos o servicios y que lo compartan con sus cercanos, sino conseguir que trabajen codo con codo con nosotros para mejorar nuestro trabajo y nuestra oferta. El valor que tiene ese nivel de relación con la comunidad de usuarios, puede representar nuestro futuro en un mercado cada vez más competitivo.

Comunicación 11: desde las redes sociales

Las redes sociales se han convertido (o casi) en la herramienta indispensable en la actual Web 2.0. Sin ellas, sería prácticamente impensable contar con las cifras de usuarios que manejan: más de mil millones entre Facebook y Twitter, por ejemplo. ¿Por qué lo han hecho? Pues por varias razones:

Son fáciles de utilizar y están abiertas a todo el mundo (la gran mayoría de ellas).

Integran una serie de posibilidades (las más exitosas) o son específicas de un nicho selecto (las más exclusivas, pero no por eso menos apetecibles).

Permiten una interacción instantánea y eficaz entre usuarios, entre usuarios y marcas, entre usuarios y productos, etc.

Pero su valor fundamental es el flujo comunicacional constante, un valor al que todavía no se le da la importancia que realmente tiene. El 70% de las empresas y de las grandes marcas ignoran a sus usuarios, no gestionan sus preguntas, demandas o solicitudes. ¡7 de cada 10 menciones son ignoradas! La cifra es abrumadora y preocupante. Si uno de nuestros objetivos es llevar a nuestros clientes y captar nuevos, ¿por qué estamos ignorando tan descaradamente un canal donde están gran parte de ellos? Y no solo eso, pues no se está aprovechando la dinámica relacional directa que ofrecen las redes sociales para plantear o diseñar la estrategia de futuro, confiando todavía ciegamente en los procesos tradicionales (incluso casi obsoletos) de negocio.

Y no solo eso. El tema de la comunicación, ya no como diálogo, sino como discurso, tampoco está siendo bien aprovechado. Las empresas hablan esperando que el usuario escuche, asienta y asuma. Pero esa política también ha quedado obsoleta y la comunicación unidireccional ha pasado a ser una retroalimentación continuada entre las partes, donde los que más tienen que decir son los individuos que conforman nuestra comunidad o los que, por alguna razón evidente, no quieren formar parte de ella y están generando información a nuestro alrededor. ¿Cuánto tiempo más podemos seguir ignorando toda esta valiosa fuente de contenidos?

En este sentido, se han corporativizado muchas de las voces surgidas en las redes sociales, volviendo poco a poco a la linealidad de la comunicación, todavía resquicio de muchos que temen a la conversación. Pero las redes sociales, deberían utilizarse para otros menesteres. "Connecting and engaging with clients and customers is a great way to show the human side of your company and establish trust and loyalty"[38], dice Carole Billingsley en Social Media Today, en cuanto a la necesidad de utilizar las herramientas de forma adecuada. Y esa comunicación no se hace de forma unidireccional, sino que se hace apelando al usuario como individuo, como ser humano, como persona, a sus emociones y a sus necesidades.

Tal como dice Lisa Galarneau, "What we need to do is learn about this powerful stuff called information, and how to consume it and create it, and connect people to it, and to use it to forge a better world. Because it is the stuff of magical change, and that's what we're waiting for"[39]. Si durante mucho tiempo estuvimos a la espera de una revolución en Internet, porque si bien el impacto inicial fue poderoso, todavía faltaba algo que, además de darnos en la cara, nos permitiese como usuarios devolver el golpe. El salto al 2.0 fue ese algo que faltaba y el que nos dio acceso al poder, a la información (como receptores, como intermediarios y, lo más importante, como productores). Pero esa información debe ser tratada con cuidado...

"Social media networks offer an excellent way to stay in touch with friends and build your network as well as grow your corporate brand in a positive way. But think twice before posting anything on-line because it can be viewed by anyone"[40]. La cita, sacada del blog Green Host it, permite comprender la relevancia que tiene la comunicación y el poder que representa. Pero todo poder tiene un coste y, en el campo del Social Media, es la responsabilidad de generar un buen clima de conversación, un flujo constante de información, de convertirse en una fuente fiable, de respetar el espacio propio y ajeno de expresión, etc. Sobre todo, debemos ser conscientes de que, gracias a la comunicación y a las posibilidades que los canales de Social Media nos ofrecen, podemos generar nuevas corrientes desde y hacia nuestra empresa o marca, con todas las consecuencias que eso tiene. Por eso pienso continuamente en aquellos que dejan esta labor en manos de inexpertos. Y ejemplos de ello no nos han faltado... ¿Hasta cuándo?

38   http://socialmediatoday.com/node/568001

39   http://www.jeffbullas.com/2011/06/03/the-power-of-information/

40   http://www.greenhostit.com/company/green-blog/96-social-media/158-the-power-of-social-media-and-its-potential-for-negative-effects-on-your-corporate-brand

La comunicación en Social Media

¡Mea culpa! Lo hemos escrito numerosas veces y todavía no nos cansamos de repetirlo. Hay que estar en Social Media. ¿Te suena, verdad? Sí, lo vemos y lo escuchamos hasta la saciedad, pero como siempre ocurre, se dan muchas cosas por sentadas. Sí, hay que estar. Pero, ¿cómo?

La parte "técnica", la de abrir perfiles, no es tema para nosotros, porque supongo que si estás leyendo esto, al menos has podido abrir una cuenta en alguna red social. Y si lo has hecho en una, lo puedes hacer en todas. Ese no es el punto complicado, aunque sí el de conflicto. Se ha instalado en la conciencia colectiva la idea de que como es gratuito el acceso a las redes sociales, el trabajo en Social Media también lo es. Pues no, no es lo mismo. Una cosa es estar, la otra es saber estar.

Otra idea que se repite es: "habla con tus usuarios, escúchalos, dialoga". No obstante, a más de alguien le surge la duda: ¿cómo lo hago?, ¿qué les digo? Y aquí es donde entra en el juego un factor fundamental para que la presencia en las redes sociales sea eficiente: la comunicación. Como idea global, no está mal decirlo y queda muy bonito como rótulo, pero tampoco dice mucho, aunque ya al menos nos da una idea. Si la esencia es la comunicación, ¿por qué pondría a cargo de ellas a alguien que no la domina? ¿Pondría en mi departamento de marketing a un aparejador? Probablemente no...

Pero esa comunicación sí se puede desglosar en 5 puntos para aclarar el problema que nos reúne:

1. **Escucha activa**: en el mundo del telemarketing es un concepto que grabamos a fuego. ¡Escucha al cliente! Actúa como si la persona que está al otro lado está a tu lado, te está diciendo algo que en ese momento es lo más importante, estás aprendiendo y atendiendo. Estás escuchando activamente: asientes, afirmas, obtienes más información, indagas... En ningún caso sientas cátedra, impones tu criterio o emites mensajes pre-programados. En Social Media es lo mismo: escuchar a tu comunidad de usuarios es un valor infinitamente útil y necesario, tanto que de ello puede depender el futuro de tu proyecto o de tu empresa.

2. **Empatía**: es otro pilar fundamental. Saber ponerse en el lugar del otro, comprender qué dice, cómo lo hace y por qué, sobre todo, por qué. Las razones que motivan a nuestra comunidad a hablar entre ellos, con nosotros y con los demás fuera de nuestra red, serán la base principal de nuestra argumentación, de nuestra estrategia y de cualquier plan a futuro. Ahí está el germen de un nuevo producto, de un nuevo servicio o la fuente de sabiduría para poder responder ante una crisis de comunicación.

3. **Persuasión**: todos sabemos lo difícil que resulta acaparar una conversación y lo molesto que es cuando alguien lo hace. En Social Media, la cosa no es distinta. Debemos ser capaces de persuadir sin agotar a la comunidad de usuarios. Debemos encantarlos, motivarlos, hacerlos participar, pero siempre desde una posición neutra, humana, individual, transparente y sencilla. Los valores anteriores nos guiarán por este camino: las emociones, saber cuáles son sus motivaciones, qué los empuja a participar, etc.

4. **Tratamiento**: no se trata ya de ser formal o informal, de tutear al cliente, sino de respetar su posición, de comprender que sin ellos no existiría el trabajo de muchos y que, sin necesidad de darles siempre la razón, al menos tienen que sentir que son especiales. A todos nos conquista la sonrisa de un dependiente que nos trata con amabilidad de forma natural, nos hace querer volver y nos predispone mejor hacia la empresa o servicio. En Social Media ocurre lo mismo: si la comunidad se siente escuchada, comprendida y atendida, el camino está más que hecho. Por el contrario, si no se les brinda la atención, el efecto puede ser muy nocivo. Sobre todo deben sentirse tratados como personas y sentir que están tratando con personas, y no con mensajes automatizados. Y jamás olvidar que los protagonistas de la conversación son ellos, y nosotros somos meros observadores que, de vez en cuando, traemos el tema hacia algún punto que nos interesa.

5. **Individualidad**: esta parte es complicada y requiere un esfuerzo especial, pero es primordial. El usuario debe sentir que es único, que le conocemos como persona individual y no como cliente XX1234. Al igual que en las relaciones cara a cara, la corrección social, la buena educación y la amabilidad son valores altamente requeridos en las relaciones de una comunidad on-line. La rapidez en la respuesta y la individualización del mensaje son esenciales para ganarnos no solo su confianza, sino también su respeto y la credibilidad de los usuarios, algo a lo que debemos aspirar y que nunca podemos perder una vez ganada.

La transversalidad de la comunicación

"El Social Media no es una afición ni una moda. Es una regla empresarial de primer nivel. Los medios tradicionales han mutado tanto su naturaleza y efectividad que ya no es posible concebir los negocios y el marketing sin contemplar esta nueva disciplina. Según lo visto en Estados Unidos, las empresas que mejor lo hacen son las que se lo toman en serio y tienen estrategias, personal y departamentos dedicados al Social Media. Es cuestión de tiempo que todas las empresas y sus profesionales lo comprendan. Eso sí, las que se adelante habrán un tiempo, experiencia, terreno, oportunidades, influencia y oportunidades preciosas que las que vengan más atrás quizá nunca tendrán"[41] (Enrique San Juan. Community Internet).

Las palabras de Enrique nos animan a seguir confiando en que a este lado del Atlántico, y pese a la crisis, el panorama del Social Media comience a ver los primeros cambios, ya no únicamente en cuanto al nivel profesional –que es altísimo–, sino a la confirmación sociocultural, organizacional y empresarial que esta labor posee. Internet no es solo un medio en este caso, un mero recipiente de información y un lugar de transacción, sino que es la suma de esas partes, además de una fuerte capacidad para generar una imagen sólida, una reputación confiable, una comunidad de usuarios, una puerta de entrada y de salida a futuras posibilidades de negocio, etc.

Las estrategias de comunicación ligadas a las áreas de marketing, recursos humanos, ventas, atención al cliente y gerencia, están camino de recuperar el sitio que ocupan dentro de las organizaciones. Su influencia se articula horizontalmente por todas las áreas antes mencionadas y los nuevos departamentos de Social Media tienen mucho que ver en este cambio. Social Media, si bien nace desde un contexto on-line, rápidamente ha traspasado hacia el off-line, ya que ha sido el sector que más rápidamente ha comprendido el cambio en las posiciones entre empresas y consumidores.

Por eso, una gran apuesta es precisamente evitar el aislamiento de los responsables de Social Media, relegándolos al espacio virtual, sino que se deben convertir en la línea transversal que aúna y suma todas las estrategias de los distintos departamentos o áreas de trabajo. La proyección que ellas pueden tener en el espacio comunicacional es enorme y, si se aborda de buena forma, el efecto positivo sobre la organización puede alcanzar cotas muy altas en cuanto a vinculación, fidelización, imagen y reputación.

---

41   http://www.community.es/community/6-tendencias-en-social-media-para-los-proximos-6-meses/

Comprendamos, en primer lugar, que estemos o no estemos en la Red, de alguna manera esa decisión ya está afectando la reputación de nuestra marca, proyecto o empresa. En segundo lugar, debemos entender que Internet no solo es un vehículo para el ocio, para las grandes corporaciones o para los medios; no, Internet es para todos y esa es una de sus principales fortalezas. Por último, hay que ser capaces de asimilar el potencial que se esconde ya no únicamente detrás de una buena estrategia comunicacional, sino que hay que elevar exponencialmente el alcance que ella puede tener en un entorno como el actual y la importancia vital de que participemos en esa comunicación.

La comunidad está ahí y está hablando de vosotros, de nosotros... ¿Les vamos a dejar que hablen solos o vamos a hablar con ellos?

Saliendo del modo automático

Otro de los pecados que se pueden cometer en el mundo de los Social Media es la automatización. Pero este problema es un círculo vicioso (la pescadilla que se muerde la cola, para que nos entendamos) del que no es difícil salir: por un lado tenemos a una persona ejerciendo las funciones de Community Manager (probablemente también haga tareas de Social Media Manager, Social Media Strategist, etc.), con múltiples actividades: generar contenidos, monitorizar las redes sociales, desplegar distintas actividades en ellas, responder mensajes, escuchar a los usuarios, realizar informes, estar al tanto de las noticias, de la competencia, etc. Y además tendrá reuniones dentro de la empresa, le pedirán información. También sería deseable que realizara labores de formación dentro de la empresa, para que los miembros de la organización estuviesen al tanto del potencial y de lo que pueden hacer en la Red, y una larga lista de posibilidades dependiendo del tamaño y los recursos con los que se cuenten.

El punto es que esa falta de tiempo tiende a provocar una necesidad de automatizar respuestas ante distintos "estímulos": mensajes configurados para cada nuevo follow en Twitter, respuestas automáticas en otras redes sociales; corta y pega de textos estándar para dar respuesta a los usuarios; newsletter que parecen un catálogo de ofertas más que una fuente digna de información (sin tener en cuenta faltas de ortografía y problemas en la construcción del contenido y en su estructura)... Se programan tweets que luego no se vuelven a revisar y, puede ser que hayan perdido vigencia o incluso, sentido; se hace retweet en mensajes que ni siquiera se han detenido a leer, se agregan usuarios sin pies ni cabeza o se acepta cualquier invitación en las redes sociales...

No, el trabajo es completamente distinto. La automatización, si bien es cierto que puede permitir el ahorro de algo de tiempo, también puede provocar futuros dolores de cabeza. Además, es inevitable que todo lo que huela a "máquina" o a "respuesta automática" espanta al usuario en vez de fidelizarlo. Una de las cosas que más me molesta es recibir mensajes directos automáticos de las personas a las que hago follow, donde junto con darme la bienvenida, me envían a una página web que, sintiéndolo mucho, además de estar pésimamente construida, contiene pobres artículos de contenido o publicidad en toda regla.

Lo importante de este espíritu 2.0 es que se humaniza la Red: somos partes de un todo, tenemos voz y queremos que se nos escuche. Por lo tanto, queremos sentir esa humanidad, queremos ser tratados como personas por otras personas, no por robots automatizados. Quiero conocer y reconocer a quien esté al otro lado, quiero saber qué hace y de dónde viene, cuáles son sus habilidades y sus opiniones; quiero interactuar, quiero sentirme parte, quiero sentir emociones: interés, repudio, vergüenza, alegría, curiosidad... quiero algo que me mueva y me motive a conectarme a una comunidad, a entablar relaciones con iguales o distintos. ¿Por qué entonces restar esa humanidad?

Está claro que el tiempo apremia, pero quizás todavía podamos ser un poco más eficientes con eso, mejorar el rendimiento y, sobre todo, la calidad. No automaticemos a nuestros usuarios; seguro que la fidelidad que podamos conseguir de un grupo reconocido por la humanidad de sus miembros, será mucho mayor y generará un sentido de pertenencia mayor entre la comunidad.

Comunicación IV: la marca personal

Uno de los aspectos comunicacionales que más terreno está ganando es la marca personal. Y tal como explica Andrés Pérez Ortega, "una marca personal está compuesta de decenas de elementos, que van desde el interior de la persona hasta la forma de gestionar la percepción que los demás tienen de nosotros. Esos elementos son los que van a hacer que seamos percibidos como profesionales valiosos y fiables"[42]. Porque efectivamente la marca personal no es tener un logo y una web, sino que es trabajar las fortalezas y debilidades que cada uno tiene para lograr diferenciarse de los demás.

Como volvemos al asunto de las diferencias, es bueno recordar que no podemos ser del todo diferentes y originales, pero sí podemos sumar y restar cosas a nuestra imagen global para que podamos hacernos un hueco entre nuestros iguales. Lo importante es que seamos capaces de conseguir pequeños detalles que nos hagan destacar o permanecer en la retina de los demás, sobre todo de aquellos que nos resultan estratégicamente interesantes como potenciales clientes o futuros socios. "Tienes que trabajar tu posicionamiento, es decir, tienes que crearte una identidad fuerte en la mente de los demás de "tu nicho de mercado" (tu profesión). Y esto se consigue con talento, autenticidad, coherencia, mucho sacrificio y esfuerzo. Una vez hecho un análisis de uno mismo, no hay que olvidar de que primero hay que analizar el nicho de mercado y luego crear "un producto remarcable" (y no al revés) con estrategias a largo plazo"[43], explica Manuel Guillermo Silva.

Y por qué ha cobrado especial valor este concepto. Pues porque la actual realidad de los negocios y la economía han motivado el surgimiento de individuos más que de masas trabajadoras, de emprendimiento personal más que de esperar el trabajo para toda la vida. Por eso, como fenómeno, el personal branding se ha consolidado como una tarjeta de presentación esencial en un mercado laboral competitivo. Como no podía ser de otra forma, la comunicación tiene mucho que ver en este tema...

Recurro a las palabras de Pérez Ortega para continuar: "El Branding Personal pretende diseñar estrategias para dejar un recuerdo memorable en la mente de otras personas. Así que si en este momento la mayoría de las relaciones que establecemos en dospuntocerolandia son mediante palabras escritas, es lógico pensar que deberemos hacer todo lo posible para desarrollar esta habilidad"[44]. Así, el valor de la comunicación, escrita y oral, cobra vital relevancia en el desarrollo, consolidación y mante-

---

42   http://www.marcapropia.net/que-es/que-es-2

43   http://www.manuelsilva.es/marketing-2/la-marca-personal-es-mas-importante-de-lo-que-tu-crees/

44   http://www.marcapropia.net/que-es/que-es-2

nimiento de nuestra marca personal. La forma en que comunicamos, el contenido, el mensaje, el canal y la interacción generada, nos permitirán configurar nuestra imagen pública, la percepción que los demás tienen de nosotros, de nuestras capacidades personales y profesionales. No olvidemos que, pese a nuestra intención de mantenerlo todo dentro del plano profesional, en el mundo 2.0 hay una buena dosis de nuestra parte privada, porque compartimos más y públicamente, lo que hace que los demás se formen una imagen más completa sobre nosotros.

El valor de la comunicación para la construcción de nuestra marca personal, sobre todo en el mundo del Social Media, pasa por varios factores:

Coherencia: establecer un mensaje y una imagen con una base sólida, permanente y real, que no sea volátil y que genere confianza. Los cambios constantes de opinión o de posición sobre determinados temas, puede resquebrajar la solidez del mensaje y, por consiguiente, la percepción que se tiene de nosotros.

Experiencia: posicionarnos como expertos en un tema y aportar contenido de valor a la discusión, son dos pasos fundamentales para consolidar nuestra marca personal.

Transparencia: nada como la sinceridad para generar confianza. No se trata de exponerse gratuitamente, pero sí basar nuestro mensaje en una intención clara que sea la fuerza que articule nuestro trabajo.

Persistencia: de nada sirven las acciones esporádicas en la construcción de una marca. Al igual que en las relaciones sociales, la configuración de nuestra imagen se basa en la suma de una serie de acciones que, dirigidas por un objetivo, nos permitirán conseguir lo que queremos. Es importante tener en cuenta que esto es un trabajo minuto a minuto y que cada paso que demos, más aún en la actual web 2.0, quedará registrado, será expuesto y considerado como parte de nuestra marca personal.

Con ellos, seremos capaces no solo de construir y mantener nuestra marca, sino que también estaremos diseñando nuestro futuro profesional. Porque, tal como dice, Dan Schawbel, uno de los gurús de este tema, "Personal branding serves as career protection in uncertain times"[45]. Y como los tiempos son los que son, tendremos que dedicarnos a diferenciarnos de los demás, trabajando aspectos tan esenciales como la comunicación, la exposición, el contenido y la imagen pública. No es suficiente con un perfil en redes sociales, sino que debe transformarse en una completa labor de relaciones públicas.

---

45   http://personalbrandingbook.com/reviews.htm

Construyendo tu reputación on-line

La norma no escrita de la Web 2.0 nos empuja a la participación si es que queremos adquirir un cierto estatus en el mundo del Social Media. Esa participación puede llevarse a cabo a través de distintas plataformas y canales que todos ya conocemos. Es más, estás leyendo en una de ellas. Pero hoy no vamos a hablar de esos vectores a través de los cuales se construye nuestra imagen y nuestra reputación, sino de los valores sobre los cuales las construimos.

Hace un tiempo, comencé a recibir mensajes a través de un foro (red social) de alguien que parecía estar muy sensibilizado con el tema del Social Media. Si bien es cierto que el mensaje estaba bien escrito y era, a primera vista muy polite, encerraba detrás una intención: tergiversar el mensaje, llevarlo a su propio terreno y, desde ahí, lanzarse en contra de lo que hacemos en el blog (www.tlbcomunicaciones.com). Incluso trató de remover a otros usuarios que habían comentado para alinearlos a su favor. Ninguno de ellos respondió a su llamada. Me costó comprender la jugada porque, como digo, había una pantalla de buenas intenciones que tapaban el verdadero motivo de su acción de comunicación: generar ruido, imponerse y permanecer. Dos mensajes suyos más tarde, me había agregado a su red de contactos y nunca más se volvió a saber de él, ni como contacto ni por sus comentarios. Otro fantasma había pasado...

La actitud de este tipo de personajes es como la de un tertuliano de la televisión: grita y polemiza porque no tiene nada más que hacer para llamar la atención. Y esa actitud, supongo que estaréis de acuerdo conmigo, es absolutamente vacía. La reputación, así como el verdadero liderazgo, no se gana por imposición o artimañas, sino por calidad, consistencia, coherencia y una actitud natural de prestigio ganada a pulso, con esfuerzo. Nadie nace siendo líder, pero sí hay quienes tienen más posibilidades de llegar a convertirse en uno.

La reputación de cada uno se genera en base a nuestras acciones. Cada paso público que damos en las redes sociales y en los distintos canales del Social Media, van conformando el ADN de nuestra marca personal. Por eso, la mejor forma de construirla es, por un lado, creando un perfil público claro, transparente, completo y reconocible, que nos haga destacarnos en algún ámbito en particular y que muestre el valor que tenemos como usuarios de la web, como expertos, como referencias o como líderes. Por otro lado, las acciones emprendidas, y dependiendo de lo que pretendamos conseguir, deben mantener la línea de los objetivos planteados y, poco a poco, ganarnos la confianza y el respeto de nuestros pares. Esto no es tarea fácil, porque la evidencia de nuestras acciones no solo se multiplica exponencialmente, sino que permanece, en gran parte, en el tiempo.

Lo dice muy claro Inma Jiménez en el blog de PuroMarketing: "Para aumentar nuestra reputación y nuestra influencia on line, no basta con tuitear con cierta frecuencia y publicar un post de vez en cuando. Para ello es necesario trazar un plan y ejecutarlo a la perfección, teniendo en cuenta que, por ejemplo, no debemos entrar en una competición por estar siempre en el candelero aportando contenido de poco valor, sino que debemos separarnos del grueso de usuarios, analizar qué es lo que les interesa y dárselo, es fundamental satisfacer las necesidades de nuestra audiencia, y no podemos olvidar que, digan lo que digan, el contenido sigue siendo el rey, y lo será durante mucho tiempo. Por este motivo es obligado que generemos también contenido para posicionarnos, no sólo texto, sino todo el tipo de contenido posible; eso sí, siempre de calidad"[46].

Si nuestra vía de acceso rápido a "ser alguien" es generar polémica y asumir una actitud "trollesca", debo decir que el futuro no es muy prometedor. Las comunidades y los expertos que se dedican a ellas no ven con buenos ojos a este tipo de usuarios, ya no por la corriente negativa que generan, sino porque ella es, la mayoría de las veces, completamente vacía y sin sentido. Simplemente lo hacen para buscar un reconocimiento que no pueden conseguir de otra forma. En un periódico on-line español, hay un usuario que lleva años fichando en los comentarios de prácticamente todas las noticias que allí se publican, para intentar atraer público a su web personal. Es tal el nivel de spam que ha adquirido, que los otros usuarios han pasado por distintos niveles de tolerancia: al principio fue curioso y gracioso; luego, se hizo agotador y muy persistente; acabó siendo molesto y generando un ataque directo a su personaje.

Ninguno de estos caminos es el adecuado. Se puede conseguir un éxito efímero, pero no hay comunidad que resista este tipo de comportamiento por mucho tiempo. La marca personal, todavía más en el ámbito profesional, debe estar ligada a la experiencia, a la calidad, al esfuerzo. Sobre todo, a la coherencia entre el contenido de nuestro perfil y lo que realmente ofrecemos en él. No es una postura academicista y que privilegia lo laboral por sobre todo lo demás. Todo lo contrario. Si quiero consolidar mi imagen como clown, debo ser consecuente con mi objetivo e ir hacia él. Lo mismo que si quiero ser fontanero, politólogo o bailarín profesional de jota. Lo que no puedo es dar palos de ciego y no tener un plan que guíe las acciones emprendidas. Quizás más que un plan estratégico, un simple y claro objetivo: que mi marca sea reconocible en un ámbito determinado.

Lamentablemente, por ahora, los otros caminos han demostrado ser efímeros y no conseguir su objetivo, aunque parezca que como tertuliano del corazón se puede vivir eternamente del cuento. La reputación, y

---

46   http://www.puromarketing.com/10/13643/aumentar-influencia-on-line-imperativo-para-marca-tenga-exito.html

sobre todo la on-line, requiere de mucho mayor esfuerzo y dedicación. La coherencia es esencial, pero no se debe confundir con rigidez e inflexibilidad. Debemos ser capaces de reconducir nuestras acciones y nuestro plan, pero sin perder de vista nunca la esencia de nuestra labor y de nuestras metas.

Tal como dice Iván Mellado en su blog: "El objetivo claro y único que tiene el empleo de la marca personal es 'dejar una huella en el corazón de los demás'. Una huella que nosotros hemos tenido que gestionar antes para dejarla ahí. Para esto debemos ser coherentes entre lo que se quiere transmitir y lo que finalmente se transmite. Viene siendo algo como el Marketing aplicado a uno mismo"[47].

47   http://imellado.wordpress.com/tag/personal-branding-2/

La escalada del personal branding

Somos una empresa. Somos una marca. Somos un producto. La premisa no puede ser más deshumanizadora y, a la vez, un poco ridícula. Pero pongámonos en situación…

La aparición de la web 2.0 provocó una masificación de las voces y del ruido en la Red. La comunicación se intensificó y se convirtió en una fuerza multivectorial recíproca que saturó todos los posibles canales y nos convirtió en una sociedad infoxicada. Esto no significa que sea malo, sino que es la constatación de una realidad en la que nos desenvolvemos. El mercado (no en plural), recibió con los brazos abiertos estas posibilidades de negocio y nos lanzamos todos a ello en distintos ámbitos de desarrollo: programación, gestión, control, canalización, producción, generación, etc. Y aquí estamos hoy, intentando parcelar y cuidar nuestro pequeño territorio, pero la competencia es mayor.

¿Por qué? Porque Internet es un territorio, sino gratuito, muy barato para el usuario. En pocos minutos y con poco dinero, ya tienes no solo tu URL, sino que también un espacio web y múltiples canales para convertirte en fuente de información. Los cursos y programas de estudio han aprovechado este potencial y es un sector en auge, aupado todavía más por los tiempos de crisis. Y en todo este maremágnum, surge la necesidad de destacar: el desarrollo de nuestra marca personal (personal branding).

Como somos muchos, se hace necesario hacerse notar. ¿Cómo? Hay varias formas que actualmente se barajan para alcanzar el éxito en Internet, y de las que se están lucrando muchos y muchas a costa de personas incautas que creen que un curso de 3.000 euros les abrirá las puertas del cielo (ojalá así fuera), pero me voy a referir a dos de esas formas que a diario vemos:

La versión Tele5, como he decidido llamarla, que es por la vía fácil, por la del ruido, por la de cursos prometedores que finalmente están vacíos de contenido y por una total falta de consistencia entre la imagen, el mensaje, el contenido y la forma de entregarlo. Estrellas fugaces y apariciones espontáneas que buscan el camino rápido al estrellato (aunque al poco andar acaben estrellados).

La versión tortuga, donde a paso lento, nos vamos construyendo una reputación, una imagen, un nombre, una presencia, una voz.

No está mal que existan estas figuras. Pero debemos entender que si todos trabajamos nuestra marca personal de la misma forma (como pretenden ciertos gurús), acabaremos por ser iguales y volverán a vendernos otra fórmula de éxito en tiempos críticos. Está ocurriendo en el mercado de los portales de empleo, en los programas de formación, en las redes sociales...

La idea del "demuestra que eres diferente" es una premisa que suena muy bonita, pero que está totalmente vacía. Es obvio que todos somos iguales y diferentes a la vez. Cada voz es única y particular. Tampoco hay que regodearse en las diferencias. Lo más simple es que cada uno sea y que no crea en promesas de caminos cortos hacia la cima, porque la reputación es producto de un largo trabajo. Y esa es la verdadera marca personal: tu trabajo, tu constancia, tu consistencia. En fin, nada más que tú mismo.

Espíritu 2.0 en la empresa

Los Social Media no solo provocan revoluciones en Internet y en la forma de comunicarnos, sino que también ponen en jaque a muchas estructuras establecidas y arraigadas en el imaginario colectivo y en el mundo empresarial. Efectivamente, incorporar las nuevas tecnologías al trabajo tiene que provocar, inevitablemente, cambios en el escenario en cuanto a la dinámica laboral, a la jerarquía y a las relaciones interpersonales entre sus protagonistas.

De esto habla un artículo de Anthony J. Bradley and Mark P. McDonald publicado por Harvard Business Review, titulado **Managers Need to Up Their Game with Social Media**[48]. En él, sus autores se refieren a que el espíritu 2.0, colaborativo por esencia, parece no encajar muy bien con la estructura vertical que conocemos en la gran mayoría de las empresas, donde la moneda de cambio de la plana gerencial es el poder y el control sobre los demás. Precisamente es ese espíritu de control el que juega en contra de un espacio colaborativo, libre y democrático como pueden ser los Social Media, y la mínima intención de controlarlo convertiría ese espíritu 2.0 en una función corporativa más.

Muchos han hablado de la eficiencia de la horizontalidad en la organización y no son pocas las comunidades que lo han llevado a cabo con distintos resultados, estableciendo programas de trabajo donde cobra especial interés la confianza, el trabajo en equipo, el debate y todo lo que pueda aportar cada uno de sus miembros en una razón de igual a igual, con los mismos riesgos y beneficios para todos. No se trata de una pérdida de poder absoluto, sino de una cesión de ese poder para cambiar la organización desde dentro, para generar un movimiento que pueda hacerla crecer y adaptarse ante los cambios sociales, culturales y tecnológicos que se están produciendo.

Si bien el paralelismo de los Social Media y las estructuras jerárquicas en la empresa puede parecer arbitrario, es evidente que sirve para comprender cómo funcionan las dinámicas en su interior: así como la web 1.0 era unidireccional en su mayoría y poco abierta a la colaboración, la 2.0 ha generado todo un movimiento de grupo, un espíritu que se basa en la inteligencia y en el trabajo colectivos, donde todos pueden aportar, comentar y tomar posiciones. Y así mismo debería ocurrir (y está ocurriendo) en otros espacios de nuestra vida.

Bradley y McDonald proponen un nuevo rol de gestión y liderazgo por parte de los gerentes: que se conviertan en gestores y promotores más que en líderes. Ellos lo analizan a través de 3 conceptos: Participación (generar la confianza y abrir espacios para involucrar a los trabajadores

---

48   http://blogs.hbr.org/cs/2012/03/managers_need_to_up_their_game.html

a compartir sus ideas y planes); Propósito (que el gerente / promotor sea capaz de tener una perspectiva global de la comunidad y de sus objetivos, para la consecución de resultados), y Representación (el gerente / promotor debe servir de puente entre la estructura formal de la empresa y la comunidad, para que las ideas de esta última puedan alcanzar a toda la organización).

También apuestan los autores por el trabajo en equipo, el liderazgo personal y la confianza. De esta manera, todas las empresas u organizaciones podrían convertirse en estas nuevas comunidades más horizontales, modernas y con una capacidad de crecimiento y sabiduría colectiva, que podría llevarlas a otro nivel de producción, gestión y del logro de sus objetivos, gracias a una estructura abierta y colaborativa, donde cada uno pueda aportar su parte a la suma total.

Liderazgo = conversación

Boris Groysberg y Michael Slind, según un artículo que publicaron en Harvard Business Review en la Red[49], han hecho un estudio sobre el comportamiento de los nuevos líderes conversacionales y han identificado tres comportamientos en su ejecución:

Ganarse la confianza de sus trabajadores, lo que no resulta tarea fácil, pero que puede conseguirse a través de la transparencia y la inclusión en los procesos de información y toma de decisiones.

Escuchar bien lo que tienen que decir, porque son la mejor fuente de información sobre el funcionamiento y la salud de la organización.

Convirtiéndolo en algo personal, contando las historias sin adornos y abriéndose a los demás. Un líder natural, humano y directo genera mucha mayor adhesión que alguien que siempre parece ocultar historias y que parece venido de otro mundo. Mostrar humanidad, emociones y fragilidad (siempre desde un punto de vista positivo), no tiene por qué jugar en contra de la imagen de liderazgo.

Estos comportamientos apuntan hacia una sensación de intimidad, de cercanía, lo que facilita la identificación y el compromiso con la organización. Y no se trata solo de una actitud para conseguir un objetivo, sino de una filosofía para cambiar la forma de comunicación desde dentro hacia el exterior.

Comienzan a aparecer, entonces, otras acciones que ya nos resultan más conocidas: storytelling, o la forma de contar las historias para que calen más profundamente en el público receptor; la comunicación bidireccional, la retroalimentación, etc. Me quedo con uno de los que más me gusta: ampliar el rol de los empleados. Si se les incorpora en la conversación como actores capaces de aportar o incluso de incidir en algunos procesos de toma de decisiones, el efecto en esos trabajadores será un evidente aumento del compromiso con la organización, con el trabajo y con los resultados. Por el contrario, si se les mantiene aparte del proceso y nadie les explica la razón de las decisiones que se están tomando o cuáles son los planes a futuro de la empresa, redundará en una marginación de los objetivos, de la imagen y del trabajo en sí.

Y vuelvo a relacionar todo esto con el modelo de la web 2.0. Internet ha dado un salto cuantitativo y cualitativo en los últimos años gracias al espíritu 2.0, a la democratización de la comunicación y a que todos estamos invitados a participar como actores. Sigue habiendo voces oficiales y "unopuntocero", pero los nuevos actores y los que están por ve-

---

49   http://hbr.org/2012/06/leadership-is-a-conversation/ar/1

nir estamos abriendo puertas y ventanas, derribando muros, generando conversación, ruido y armonía. Es ahí donde las empresas y las ideas emprendedoras deben estar. No pensemos que este espacio es solo para las corporaciones, porque además creo que está hecho a la medida de los autónomos, de las pequeñas empresas y de los innovadores.

Internet y el Social Media pueden estar a tu servicio. Solo tienes que atreverte a dar el primer paso...

Social, local y móvil

Andrea Gamero (@agamerof) publicó en su cuenta de Twitter la semana pasada lo siguiente: "SoLoMo: Social, Local and Mobile. Thats how Marketing must be nowadays according to the ICEMD. #Marketing #SocialMedia #On-line". Y efectivamente, quien lo haya dicho, está absolutamente en el camino correcto. Mi único aporte es que no se centrará únicamente en el marketing, sino que en muchos otros aspectos de nuestra vida cotidiana. El primer y claro ejemplo son las redes sociales…

La geolocalización ha sido una de las revoluciones de los últimos años, propiciando la aparición de redes sociales que precisamente sacan partido de la filosofía SoLoMo: son sociales, porque permiten la interacción de los usuarios en espacios geográficos amplios, pero delimitados y precisos (local), basándose en la tendencia móvil que los smartphones y otros dispositivos portátiles han provocado. Por esta misma lógica, la comunicación también se ha convertido en Social, pero con mayúsculas, en un espacio mucho más amplio al que estábamos acostumbrados (interacción de individuos bajo un tema o un objetivo común, crowdfunding, plataformas multicanal, sin barreras geográficas, socioculturales o generacionales); pero también es local, adaptándose a la realidad y al entorno inmediato de los individuos, a la vez que es móvil, lo que amplía su dinámica y confirma su versatilidad de la mano de una tecnología que abre más puertas de las que, dicen, cierra.

Las empresas y las organizaciones, también han debido o deberán sumarse a este cambio: serán sociales, para ampliar su capacidad de llegar a los usuarios y/o clientes; serán locales, porque deberán apostar por su entorno inmediato, ya no solo como potencial económico de compraventa, sino como espacio para la proyección, la proposición, la promoción y la provisión. Y serán móviles, porque al ampliar sus redes y borrar sus fronteras, es necesario que no se limiten a su espacio geográfico y encuentren los caminos para proyectar su actividad a un mercado cada vez más grande.

Pero los consumidores también son SoLoMo: la Red les ha abierto puertas y ventanas a un entorno global, en competencia con su entorno inmediato, ofreciéndoles una serie de oportunidades antes reservadas para unos pocos, y una voz que cobra cada vez más importancia en la conversación.

Si está tan clara esta percepción del cambio actual y la tendencia permanecerá en el mismo camino los próximos años, eso sí cambiando todavía más las percepciones y formas de acercarse a esa filosofía de lo social, lo local y lo móvil a medida que la tecnología perfeccione los dispositivos y los usuarios hagamos un uso cada vez más intensivo e inteligente, ¿cuándo se percibirá ese cambio en todos los aspectos de la vida? La educación está en proceso de cambio, pero se perdió en un mar de equipamientos tecnológicos sin mucho sentido, con carencias profundas en formación y conocimiento del medio; las finanzas y la política parecen vivir en un universo paralelo, aunque tienen bien aprendido lo que es buscar el control de la comunicación y el marketing, a pesar de que cada vez lo tendrán más complicado.

Y para qué decir de ese sector productivo o improductivo que todavía no se acerca a este nuevo escenario: la Administración, en general, se ha quedado un poco retrasada en la burocracia del siglo pasado, al igual que muchas empresas, por muy adelantadas que quieran parecer, que solo utilizan las herramientas de Social Media de la misma forma en que recurrían al marketing y la publicidad de los años 90. La linealidad y el espíritu "de meseta" sigue presente, cuando el mundo se convierte en una fuerza multivectorial y el medio pierde esa cualidad de "promedio" para pasar a ser una suma de individualidades que exigen se respete su espacio y sus preferencias.

Hay un mundo por descubrir y lo estamos haciendo a diario. Lo importante es no quedarse fuera, porque el cambio es tan evidente que pronto estaremos en una dimensión social, cultural y comunicacional totalmente nueva. ¿Dónde vas a estar tú?

De la confianza on-line a la emoción social

Hay un tema que para una generación mayor que la nuestra (incluso para un buen porcentaje de nuestra generación) sigue siendo espinoso: la confianza en la Red. Existe cierto temor hacia lo que ocurre en Internet, lo que podría esconderse detrás y, en definitiva, hacia la tecnología.

Lo que nos permite tener menos reticencia a los que migramos tempranamente a las nuevas tecnologías (admitámoslo, los que nacimos antes de 1980 no somos nativos aunque podamos sentirnos muy cómodos con ellas) es que llevamos mucho tiempo viendo el desarrollo de Internet y del mundo que en ella habita. Hemos visto nacer las redes sociales y nos hemos adentrado en ellas sin muchos reparos. Por ello no nos cuesta tanto generar esa confianza, involucrarnos, exponernos... más aún si trabajamos en los Social Media. "Según el estudio de Pew Internet Research, las personas que usan Facebook múltiples veces al día son un 43% más proclives que otros internautas (y hasta tres veces más que los no internautas) a pensar que se puede confiar en la mayoría de la gente"[50].

La creación de lazos virtuales no solo confirma nuestra capacidad de confiar, sino que además la alimenta: compartimos a diario información de todo tipo a través de LinkedIn, Twitter o Facebook que, probablemente, de otra forma no publicaríamos. Hemos llegado a un punto en que no solo somos agentes de comunicación, sino que producimos información propia y transmitimos datos de nuestro ámbito íntimo (que no privado), que tienen que ver con nuestro entorno inmediato, nuestro trabajo, nuestra familia o nuestra pareja. Simplemente con rellenar la casilla de "estatus" ya estamos entregando información personal. Eso es un acto de confianza incontestable.

Y no solo tenemos confianza del entorno digital, sino también de la gente que en él habita. Recurro a un ejemplo que puede parecer absurdo, pero la proliferación de páginas y sitios de vinculación social (contactos profesionales, románticos, eróticos, sociales, amistosos, motivacionales, temáticos, etc.) no tendrían éxito si no fuésemos capaces de conferirle un cierto grado de credibilidad a lo que encontramos en la Red, incluso cuando nuestra propia información pueda estar "retocada" o ser directamente ficticia. Desde los primeros años de los chat (que a mí me tocaron en la época universitaria), éramos capaces de creer con convicción lo que la pantalla nos decía: realmente no sabíamos quién estaba al otro lado, pero resultaba maravilloso pensar que estábamos hablando con alguien en algún lugar del mundo. Hoy, sigue pasando lo mismo, pero a través de aplicaciones que nos localizan geográficamente, a través de las cuales compartimos fotos, estados de ánimo, incluso en algunas se publican los teléfonos.

---

50   http://www.amazon.es/Socialholic-necesitas-marketing-medios-sociales/dp/8498751918

123

Confiamos en los demás y confiamos en nosotros, lo que nos lleva a sentirnos en un entorno seguro, en el que nos movemos con facilidad, casi como si estuviésemos en el salón de casa. Los vínculos que creamos en el mundo digital fortalecen nuestro ser, nuestro ego (no de forma peyorativa, sino el ser capaces de comprender nuestro yo, abrazarlo y convivir con él en conjunto con los demás); nos hacen ser, quizás, mejores personas; no en el sentido valórico, sino en cómo nos sentimos percibidos por los demás, confiando más en nuestro valor individual y en lo que podemos aportar a los demás: conocimiento, opinión, información, sentimientos, etc. "Comprender lo que nos rodea y sentirnos queridos e integrados nos empuja hacia los medios sociales. Nuestro modelo motivacional describe en cuatro etapas cómo nuestro ecosistema social fortalece nuestro yo, nos ayuda a entender mejor nuestro entorno, nos ayuda a relacionarnos con ese entorno y, por último, nos hace ser mejores y crecer en él" (Fernando Polo Hernanz. Socialholic).

Así, quienes afirman que las redes sociales nos vuelven menos sociables, quizás estarían equivocados: la capacidad de sociabilizar con los demás, de empatizar y de compartir no es que se esté perdiendo, sino que está cambiando de canal. Pero eso no le resta valor ni amenaza con hacer desaparecer a la comunicación cara a cara o las emociones en carne viva. Lo sentimos todo, incluso con mayor intensidad, porque para demostrar una emoción en un espacio virtual, tenemos que poner toda la parte no verbal, corporal, visual y olfativa en pocas palabras, para que los otros perciban correctamente lo que estamos sintiendo.

Todo esto, para explicar por qué es tan importante apelar a la confianza de la comunidad de usuarios, a las emociones, al sentido de pertenencia, a los individuos. Todo esto para reafirmar que la era de los mass media ha dado paso a la humanización del mensaje, a la individualización de las relaciones, a la necesidad de que todos nos sintamos parte importante de la sociedad. Por eso reaparecen los movimientos sociales, se escuchan más voces, por eso la juventud parece más viva que la de hace unos pocos años: su capacidad de relacionarse socialmente los empuja a ser más comprometidos, a compartir sentimientos y necesidades públicamente, a identificarse con causas diversas y a actuar, aunque sea a través de un espacio digital o en la plaza de su localidad. Por eso no funcionan las grandes campañas, y la viralidad, el boca a boca o el usuario como protagonista, dan mejor resultado, a menor coste y con un mayor efecto emocional.

Internet no ha matado lo social, lo ha llevado a un nuevo plano: la emoción social. Y eso tiene que ser entendido por toda la sociedad: políticos, economistas, tecnócratas, grupos de presión, comunicadores, empresarios, quienes se dedican al marketing y la publicidad, community managers, expertos del Social Media... Solamente teniendo esto claro, seremos capaces de comprender el interesante momento social, antropológico y cultural en el que estamos inmersos. Esto no es algo pequeño...

El valor de la comunicación

Si no dudamos del poder de la comunicación en ningún otro aspecto de la vida: en las relaciones humanas, con los compañeros de trabajo, con los amigos, con los jefes, en la prensa, en televisión, en las reuniones sociales, en el marketing, etc., ¿por qué lo hacemos en Internet? Es impresionante como ya bien entrado el siglo XXI y con la de avances ocurridos en los últimos 15-20 años, aún hay gente que teme a ese fantasma llamado Internet y a todo lo que acarrea, incluido como no, todo lo que tenga que ver con Social Media.

La de veces que habremos oído "¿Cómo voy a poner ahí mis datos?" o "¿Quizás qué pueda pasar?". Siempre pienso, pues lo mismo que cuando rellenas un papel en el banco, te apuntas a una ONG o llamas por teléfono a un call center para pedir información. Eso sí, puede ser a mayor escala. Pero la posibilidad en proporción de que algo nos ocurra es casi tan baja como en cualquier otra situación. Sinceramente no creo en los fantasmas y las leyendas urbanas de la Red, del robo de identidades (creo que no ha empeorado con respecto al robo de DNI y pasaportes), de las muchas cosas que pueden pasar si rellenas tus datos.

Ahora bien, ojo con qué datos. A mí no se me ocurre poner mi teléfono personal o los datos de mi tarjeta de crédito en mi perfil de redes sociales. Tampoco digo donde vivo (al menos no precisamente) ni cuento mi vida en verso. Si eso no lo hago en la calle, ¿por qué habría de hacerlo en Facebook? Una cosa es la confianza en la seguridad y la otra es una pérdida total de la perspectiva.

Pero volviendo a lo nuestro, la comunicación es esencial: tanto vertical como horizontalmente, la información debe fluir en un retorno continuo para que las relaciones funcionen. Y no solo las personales o profesionales, sino también las comerciales. Si no mantengo esa comunicación con mis clientes, si no les hablo y, sobre todo, les escucho, la posibilidad de permanecer en el mercado son escasas. Y qué mejor forma que hacerlo a través de las redes sociales, en una interacción continuada y directa. ¿Por qué no se les ha otorgado todo el valor que tienen? Claro, porque sirven también para el ocio y el entretenimiento. ¿Pero no ocurre lo mismo con la televisión, la radio y las revistas? ¿No pasa lo mismo con la prensa, que muchos días da risa?

La comunicación y la apuesta por el Social Media es uno de los caminos más eficientes para buscar clientes, encontrarlos y crear lazos con ellos. La tecnología ha puesto al mundo al alcance de la mano de tu proyecto, ¿por qué entonces no aprovecharlo? Ni el miedo a Internet debería ser tan paralizante como para no poder ver los efectos positivos que tiene el contacto directo con nuestros usuarios y la posibilidad de escuchar sus necesidades sin intermediarios. Nunca fue tan fácil el estudio de nuestro mercado.

Si el miedo aún te detiene, déjate asesorar por expertos y por gente más puesta que tú en esto. ¡Comunícate! ¡Comunica!

De la comunicación corporativa a la conversación organizacional

La gestión de equipos es uno de los temas que puede traer de cabeza a una organización o una pequeña empresa. Si no se trabaja bien con los distintos elementos que las componen, probablemente los resultados no serán jamás los esperados y el ambiente se irá enrareciendo, lo que redundará en una rotación alta, en una identificación muy baja con el trabajo y con una crisis profunda de comunicación interna y, de forma inevitable, probablemente externa (dependiendo del tamaño de la organización).

Justamente, esta mañana leía un artículo en Harvard Business Review[51] acerca del cambio desde la "comunicación corporativa" a la "conversación organizacional" y de cómo algunos empresarios han modificado el modelo de comunicación interna para fortalecer el liderazgo e involucrar a los recursos humanos –los recursos más valiosos de la organización– con vistas a mejorar el compromiso de los trabajadores y la alineación estratégica de la empresa.

En el artículo, los autores (Boris Groysberg y Michael Slind) establecen 4 pasos para conseguir ese liderazgo basado en el diálogo:

1. Disminuir la brecha entre empleador y trabajadores (optar por vías de comunicación más horizontales y menos verticales).

2. Promover el diálogo de ida y vuelta (la retroalimentación).

3. Implicar a los trabajadores en la tarea de contar la historia de la empresa, es decir, hacerlos partícipes de esa historia otorgándoles la voz adecuada y el espacio para hacerlo.

4. Tener una agenda de comunicación clara, evitando confusiones y mensajes contradictorios, alineándola con los objetivos estratégicos de la organización.

Con esto, hacen un llamado a una nueva etapa dentro del liderazgo. Y dado que los tiempos cambian, también lo hacen las formas de ejercer el liderazgo y de gestionar equipos. Por eso son necesarias nuevas respuestas que no solo ofrezcan una visión distinta a las clásicas escuelas de negocios, sino que utilicen una metodología diferente y aborden el tema desde una perspectiva más lúdica y cercana.

---

51   http://blogs.hbr.org/cs/2012/05/in_our_experience_its_rare.html?awid=5614411705936353015-3271

El curso Leadership through Change: Stepping into Other People's Shoes[52] sigue ese camino, centrando su interés en entender los comportamientos que florecen durante los cambios y enseña cómo desarrollar estrategias para influenciarlos. Tal como dice la autora del curso, Pilar Orti, "a través de nuestra metodología, te invitamos a ejercitar tu creatividad, esencial para afrontar problemas y ver nuevas soluciones. Te invitamos a ser creativo y te ayudamos a hacer el proceso de cambio más llevadero, dándote consejos para mejorar la comunicación con tu equipo. Todo esto lo hacemos con humor e imaginación".

La propuesta que hace Pilar Orti permite ver cómo usar esos cambios para aprender, cómo comunicarnos mejor con nuestro equipo a un paso adecuado, cómo reducir el miedo que producen y, sobre todo, entender lo que significa el cambio para nosotros y cómo hacer nuestra transición lo más fácil y productiva posible. Para ello se vale de tres arquetipos que todos, de una forma u otra, hemos conocido en los distintos equipos de trabajo. Yo me reí bastante recordando muchas anécdotas ligadas a ellos.

Es esta una buena forma de comprender el cambio como un paso necesario y adoptar una nueva forma de relación al interior de las organizaciones, movilizando el eje de la comunicación hacia ese deseado espíritu 2.0, caracterizado por la participación y la retroalimentación. Si confiamos en ella hacia el exterior, el primer lugar para ponerla en práctica es en el interior. De la mano de Pilar Orti podremos generar ese cambio desde la comunicación corporativa hacia la conversación organizacional, dando nuevas energías al interior del sistema, y otorgándole voz y valor a todos sus componentes.

---

52   http://www.unusualconnections.co.uk/leadership-course-on-line/

Hablemos de Influencia Recíproca

La principal fortaleza de una comunidad on-line no radica únicamente en la capacidad de su community manager y mucho menos en el número de participantes. El único elemento que es capaz de dar sentido a una comunidad son sus usuarios y la capacidad de interacción que puede darse entre ellos mismos y en relación a los usuarios de otras comunidades.

Este trabalenguas es, en el fondo, muy simple: si tomamos en cuenta las teorías sistémicas, esto es comunicación-interacción-retroalimentación entre las partes y la forma en que se organizan las distintas relaciones en el interior de una comunidad y hacia otras comunidades. La cita de David "Historian" DeWald puede darle algo más sentido a todo esto. DeWald dice en su artículo The New Social ROI: Reciprocity of Influence: "Let's talk about Influence. We know that Social Influence occurs when someone's emotions, opinions, or behaviors are affected by others. It takes many forms and can be seen in leadership, persuasion, and marketing"[53] ("Vamos a hablar de Influencia. Sabemos que la Influencia Social tiene lugar cuando las emociones, las opiniones o los comportamientos de alguien se ven afectados por otros. Adquiere distintas formas y se puede ver en el liderazgo, la persuasión y el marketing").

Una vez que hemos conseguido llegar a las emociones de alguien, a hacerle sentir parte de algo, los resultados –ese ROI reconvertido en Influencia Recíproca, en interacción y retroalimentación– mejoran positivamente, porque se convierten en la mejor voz de una comunidad o de una organización. Se despierta el sentido de pertenencia y, junto con él, un compromiso tácito que permitirá que esos miembros abran el camino de otros usuarios hacia nuestra comunidad, que deberán recibir el mismo trato que los anteriores para que el proceso vuelva a repetirse y nuestra comunidad pueda seguir consolidándose.

Sabemos que no hay comunidades perfectas, pero este puede ser un buen camino para mejorar la nuestra. No es una iluminación celestial ni mucho menos, pero sin duda es un buen paso adelante en la gestión y la actitud del community manager, sobre todo cuando muchos creen tener todas las respuestas en la mano. Cada grupo de usuarios traerá comportamientos y reacciones diferentes, lo que nos obliga a estar muy atentos a la forma de llegar hacia ellos, de crear confianza, fidelidad y sentido de pertenencia. Por ello no hay que temer al conflicto, a las respuestas negativas ni a ningún usuario, porque si manejamos bien cada uno de ellos, seremos capaces de fortalecer la comunidad y abrir el camino hacia potenciales usuarios.

---

53   http://www.thehistorian.org/2012/01/11/the-new-social-roi-reciprocity-of-influence/

Hacia la retroalimentación activa

Uno de los principales argumentos de muchas empresas para negarse a dar el paso, ya ni siquiera a la web 3.0, sino que a la establecida 2.0, es la falta de dinero. Si bien es entendible que en tiempos de crisis se controlen los gastos, nunca hay que entender esta parte del proceso como un gasto, sino como una inversión.

Apostar por una presencia web es, desde la base, ganar en fidelidad y presencia. El usuario de hoy se deja engañar poco por la televisión y por los medios tradicionales; es más listo, menos crédulo y utiliza Internet como una herramienta de información de forma cada vez menos pasiva.

De hecho, las antiguas páginas web institucionales, esas que brindaban una información escasa y estática, han tenido que dar paso a las redes sociales y a una presencia permanente. Ya no vale conectarse una vez por semana al correo electrónico ni la comunicación unidireccional; ahora lo que se lleva es la retroalimentación (feedback) activa y continua, el intercambio, el coaprendizaje y la reputación on-line.

Lo mejor es que esto se puede hacer con pocos recursos y, simplemente, un cambio de actitud frente al usuario. Hay que dejar la condescendencia y actuar en consecuencia con las nuevas tecnologías y las tendencias actuales. El usuario debe ser atendido, escuchado y tomado en cuenta.

Las empresas deben comprender que no hay mejor carta de presentación que una buena campaña on-line. Eso sí, que no puede ser planificada por cualquier hijo de vecino, sino que debe ser atendida desde distintos puntos de vista: organizacional, corporativo, comunicacional, estratégico y tecnológico, por mencionar algunos de ellos, y siempre atendiendo a los objetivos a medio y largo plazo que se hayan planteado inicialmente.

Networking is not working

Según un artículo que encontré publicado en Universia.es, firmado por David Bomzer, dice que el networking "puede ser dividido en tres componentes esenciales: el conocimiento de la/s persona/s en cuestión, el establecimiento de una cierta afinidad y la comunicación eficaz"[54]. Por su parte, la web de Negocios y Networking lo define como "una filosofía que consiste en el establecimiento de una red profesional de contactos que nos permite darnos a conocer a nosotros y a nuestro negocio, escuchar y aprender de los demás, encontrar posibles colaboradores, socios o inversores"[55].

Basándonos en estas premisas, creo que para muchos el principio no está funcionando. Fijémonos en LinkedIn. La gran mayoría de los usuarios –y esta es una observación que no tiene nada de científica, sino que es meramente experiencial– tiene su perfil, aumenta su red de contactos y poco más. No participa en grupos, foros, preguntas ni debates. Observa, ve crecer su red y ya está. Tampoco busca necesariamente trabajo ni lo ofrece. Así, el networking se transforma en not working y la red pierde sentido.

El espíritu participativo 2.0 del que tanto me hago eco, se desvirtúa completamente con estas actitudes. No se es 2.0 por el simple hecho de poder conectar, compartir y colaborar, sino por hacerlo. Por el contrario, no ejercer esa posibilidad "dospuntocerista" es una actitud muy 1.0.

Personalmente, me pasó que hace un par de semanas contacté con una suerte de gurú del Social Media por LinkedIn, lo agregué a mi red y aceptó a los pocos días, enviándome un mensaje automático con todos sus datos de contacto, biografía y experiencia. Revisando su impresionante currículum me dije que tenía que hacer algo para conocerlo, para intercambiar ideas, para aprender humildemente. Le envié un mensaje proponiéndole un encuentro –sinceramente del cual me beneficiaría yo mucho más. A día de hoy no he recibido respuesta, ni positiva ni negativa. ¿Es esa la filosofía del networking? ¿Es ese el espíritu 2.0? Estoy seguro de que no.

Sigamos con LinkedIn. ¿Cuántos de nosotros nos detenemos a pensar a quién estamos agregando a nuestra lista de contactos y por qué? Lo interesante de esta red no es solo agregar a nuestros pares, aunque resulta interesantísimo y enriquecedor, sino a quienes podrían estar interesados en un perfil como el nuestro (sobre todo si el objetivo es encontrar trabajo, una actividad tan en boga en estos días). Así, se están aprovechando mínimamente las posibilidades de comunicación, aprendizaje e intercam-

---

54   http://nextwave.universia.net/desarrollo-profesional/BE19.htm
55   http://www.negociosynetworking.net/

bios colaborativos entre partes interesadas, lo que entiendo es la base primordial de toda esta construcción en que estamos insertos.

El networking, como buena relación, requiere de trabajo y esfuerzo, de interés y de dedicación, de tiempo y de energía. Si no, lo único que tendremos es una red pasiva de contactos y no un mundo de interacciones activas y eficaces, que aporten conocimiento, que generen un pensamiento colectivo y una acción colaborativa de la que todos, al final, podríamos salir beneficiados. Este es el único camino para que ese not working desaparezca del mapa y nuestra red de contactos sea una eficiente herramienta de trabajo, a la que estamos dedicando una buena cantidad de horas por semana. De lo contrario, es tiempo perdido y, siguiendo la lógica de la productividad, un absoluto sinsentido.

La importancia de escuchar y comunicar

"Las empresas tienen que aprender a escuchar a sus usuarios. Si no lo han entendido todavía, es la mejor forma de estudio mercado. Ahora tienen la opción de escucharlos directamente a través de las redes sociales, pero muchas no han visto aún ese potencial"[56]. TLB Comunicaciones.

Parece una tontería, pero entender que el Social Media no es una vía unidireccional de comunicación no es una idea del todo extendida. Todavía hay muchos y muchas que consideran que detrás de esta perspectiva que aúna marketing, comunicación, publicidad, teoría de sistemas, emociones y negocio (entre muchas otras cosas), hay una enorme burbuja, sin permitirse el espacio para comprender el inmenso tesoro que se esconde detrás de la relación directa con los usuarios y los clientes.

Puede parecer una visión totalmente corporativista, pero no se trata del beneficio solo de las grandes empresas, sino de que seamos capaces de comprender que cada iniciativa, cada idea, cada proyecto y cada persona tienen un potencial comunicativo enorme. Conocemos casos exitosos de personalidades que han surgido de la nada y se han convertido en voces locales, nacionales o mundiales dentro de ciertos campos profesionales o de entretenimiento (Pete Cashmore de Mashable, Justin Bieber en el pop o Perez Hilton en el mundo del corazón y del cotilleo). Y ese potencial debe ser aprovechado al máximo: conseguir trabajo, promover ideas, conseguir apoyos para iniciativas de cualquier tipo, crowdfunding, coworking, etc.

No querer ver el mundo de posibilidades asociado a un inteligente uso del Social Media, no es más que querer tapar el sol con un dedo y una fuerte evidencia de que la ignorancia es capaz de paralizar ante el miedo que provocan las nuevas tendencias. Tampoco se trata de creer que esto cambiará el mundo. No, todo en su justa medida. Pero comprender la relevancia de la comunicación en todo tipo de relaciones e iniciativas, es reconocer el valor que tiene parte de la esencia del ser humano como animal social, sobre todo en una sociedad infoxicada como la nuestra, donde cobra cada vez mayor relevancia la información específica y personalizada, lejos de la "masificación" de las décadas anteriores. Y nada mejor que las herramientas del Social Media para poder hacerlo.

---

56 http://www.tlbcomunicaciones.org/wordpress/la-importancia-de-escuchar-y-co-municar/

CONTENIDO

El contenido: la mejor herramienta SEO

Recibí un e-mail de La Web de la Empresa 2.0 con una entrada que habla precisamente de la importancia del contenido en una web, y lo resume de una forma muy acertada: "el contenido arrastra tráfico hacia la web y no tiene fecha de caducidad".

Efectivamente es así. Mi experiencia personal como blogger me lo ha demostrado: una entrada que publiqué en marzo de 2009 ha tenido un total de 3.280 páginas vistas y sigue atrayendo público; otra, de 2007 sobre un viaje a Milán, ronda las 1.000 visitas y sumando, 5 años después.

Un buen manejo del contenido, una actualización permanente y una labor cuidada con las palabras clave (sin llegar a un nivel experto), pueden convertir su blog o página web en un éxito. Ahí radica la relevancia del contenido, aunque muchos se nieguen a verlo y confíen más en otros caminos para conseguir objetivos estadísticos: publicidad, estrategias, diseños espectaculares o concursos... El éxito fulminante en Internet es muy peligroso; es mejor ganarse a la comunidad de usuarios en el día a día, en lo cotidiano, con buenos contenidos, con temas de interés, con respeto y nunca menospreciando la inteligencia y capacidad del público.

Hace un par de años, estuve con un proyecto on-line que se negaba a utilizar su historial de contenido (magnífico por cierto), para comenzar desde cero en Internet. Después de semanas, incluso de meses, de darles todas las razones por las cuales era necesario contar con ese contenido como base de todo el proyecto, mucho mejor que cualquier estrategia SEO que le ofreciese un proveedor, comprendieron la importancia de contar con esa "experiencia previa" y se tomó la decisión de aportar a la web el conocimiento adquirido durante los últimos dos años previos al lanzamiento. Sin duda que eso permitió crear no solo una web más completa, sino que permitió ofrecer un producto más acabado y mucho mejor posicionado que una página con 5 entradas.

Así de claro lo dicen en La Web de la Empresa 2.0: "Cuanto más contenido crees, más interese a tu público objetivo y más 'atractivo' resulte a los buscadores (o sea, que contenga las famosas y buscadas 'palabras clave') más tráfico de calidad atraerás a tu web y les convencerás para que acaben siendo tus clientes"[57].

---

57   http://www.webempresa20.com/blog/451-los-contenidos-venden.html

La manera más eficaz de atraer tráfico

Después de leer un artículo que compara la labor de un bloguero en Estados Unidos y en Europa –y entrar en una profunda depresión por no estar al otro lado del Atlántico–, me quedo con uno de los datos menos entristecedores de los que pude ver: 3 de cada 10 bloggers considera que escribir diariamente es la manera más eficaz de atraer tráfico. Para los americanos, la actualización frecuente ocupa el tercer lugar entre las claves de éxito de un blog; mientras que, para sus pares europeos, escala hasta el primer lugar. ¿Por qué son tan importantes el contenido y la frecuencia?

En primer lugar, el valor de nuestra red no está en los canales ni en la tecnología, sino en los usuarios que en ella participan. Por lo cual, debemos aprovechar esa tecnología para entrar en el corazón de los usuarios, para impactar a la comunidad y vincularla con un contenido personalizado, bien elaborado, sostenido por otros elementos (imágenes, vídeos, podcasts) y en diversos canales (blogs, redes sociales, newsletters, etc.). Los usuarios buscan un mensaje consecuente, una imagen cercana que aporte valor y que sea de confianza. Sin un buen contenido, nada de esto sería posible. Tan cierto es que alguien lo dijo el otro día: si tenemos en cuenta que la comunicación on-line es eminentemente escrita, lo mínimo es que quienes pretendan vivir de ella, sepan leer y escribir bien.

En segundo lugar, los blogs son una de las herramientas clave en el mundo del Social Media. Se han convertido en una fuente de información y en un espacio de comunicación indispensables en el trabajo comunicacional de una empresa, un proyecto o una marca. Se asocia con cercanía, con igualdad, con democracia. Pero cuidado, porque un blog requiere mucho trabajo y habilidades: se debe actualizar con una periodicidad estable y continuada, con contenido de calidad e interés para el público, manteniendo fielmente los principios de la marca, pero sin sonar demasiado corporativo; debe captar la atención, jugar con las emociones y con la identificación de los usuarios para ganarse su confianza. Y la lista continúa... jamás se debe menospreciar el poder que puede tener un buen blog.

En tercer lugar, un buen manejo del contenido, una actualización permanente y una labor cuidada con las palabras clave, pueden convertir su blog en un éxito. Ahí radica la relevancia del contenido, aunque muchos se nieguen a verlo y confíen más en otros caminos para conseguir objetivos estadísticos: publicidad, estrategia SEM, diseños espectaculares o concursos... El éxito fulminante en Internet es muy peligroso; es mejor ganarse a la comunidad de usuarios en el día a día, en lo cotidiano, con buenos contenidos, con temas de interés, con respeto, y nunca menospreciando la inteligencia y capacidad del público.

Es importante comprender que el tema de la calidad del contenido no redunda solo en el blog o en la web, sino también en las redes sociales. A pesar de su volatilidad, el contenido que volcamos en las redes también se convierte en una herramienta de atracción, instantánea y eficaz si la producción está bien hecha. Y, por supuesto, ayuda con el engagement y la presencia, con la reputación on-line, con la imagen y la marca personal. Todo ese contenido configura nuestra imagen, nuestra carta de presentación y nuestro mapa a futuro: mientras más claro, preciso e interesante, mejor panorama tendremos. De lo contrario, seremos testigos de como, poco a poco, nuestra comunidad se deshace y desaparece.

Y para cerrar este tema, por ahora, recurriré al mismo ejemplo que utilizo siempre: tengo un blog personal que está a punto de cumplir 7 años de andadura y al que no he podido dedicar mucho tiempo en los últimos meses. No obstante, el contenido (tanto en cantidad como en algo de calidad), continúa atrayendo a diario a una cifra que va desde los 50 a los 150 usuarios, únicamente para contenido antiguo. Ya sea por el buen uso de palabras clave o por tratar temas que no han perdido vigencia (o que la han recuperado), pero el contenido ha sido mi mejor aliado en mantener un nivel decente de cifras y me empuja a seguir intentándolo. Por eso confío más en la calidad que en la cantidad, porque me ha demostrado que en el mundo del Social Media es mejor contar con ella como aliada que como aspiración.

Just do it!

Una de las cosas que más me llama la atención de los Social Media y de las estrategias que orbitan a su alrededor como dogmas o profecías, es que los grandes representantes de este nuevo mundo –creadores, expertos, estudiosos, inversionistas, etc.– no solo no las prodigan como la gran solución, sino que también se ríen de ellas.

Acabo de leer una entrevista hecha a Guy Kawasaki, creador de Alltop.com y antiguo directivo de Apple en los años más complicados de la compañía. Kawasaki suelta dos frases en la entrevista que viene a echar por tierra esa tendencia al "gurú" que se quieren adjudicar algunos. En el ámbito de la estrategia SEO, que ha llenado páginas y horas de formación a lo largo y ancho del mundo, su sentencia es clara: "My recommendation for SEO is very simple. It's Write Good Stuff". El buen contenido es la respuesta, no hay más.

Por experiencia laboral estuve trabajando el año pasado como consultor de un nuevo proyecto web y tuve que visitar a muchos proveedores para la construcción y planificación del producto. Debo decir que casi todos decían: "Te aseguro una estrategia SEO de éxito, un estudio profundo y una web preparada para ello", dos mentiras y una obviedad como un piano, razones de más para descartarlos como posibilidades. La respuesta estaba en el contenido y eso ya lo sabíamos. El tema era luchar para que ese contenido estuviera en la red, que era algo que muchos no veían claro.

Volviendo a Kawasaki, cuando se le pregunta por los planes estratégicos de Social Media, simplemente contesta que hay que estar, probar, sumergirse en ellos, pero de una manera intuitiva. Debemos conocerlos y manejarlos para saber qué podemos hacer con ellos. "It's very difficult to create goals and strategies for something like Google+ or Facebook or Twitter if you're not familiar with Google+, Facebook, and Twitter". Y, como reza el título de la página, "Don't Plan Your Social Media; Just Do It"[58].

Es imposible asegurar el éxito, como ya decía en entradas anteriores. Solo se puede dar por seguro un plan de acción serio una vez que se han establecido los objetivos reales que se quieren conseguir, pero la puesta en marcha y el desarrollo del proyecto tiene que ir cambiando, probando y analizando resultados a medida que se avanza en la creación y establecimiento de una comunidad on-line. Las fórmulas matemáticas y las previsiones algorítmicas no sirven en los Social Media.

---

[58] http://www.inc.com/eric-markowitz/guy-kawasaki-dont-plan-your-social-media-just-do-it.html

Generación de contenidos

El contenido de un blog no debe ser una tarea dejada al azar. Hay que pensar que cada entrada (post) es una parte de la imagen pública on-line de la empresa y debe ser tratada con especial cuidado de cara al público y al rol cada vez más activo de nuestros usuarios de la red.

Todos los expertos afirman en que un blog, para que sea una herramienta viable, debe ser actualizado diariamente. Sí, incluso más que las propias redes sociales que nos sirven como herramienta de difusión de esos contenidos. Pero, tal como decíamos, cada entrada debe ser realizada con dedicación, inteligencia y una proyección (objetivo) clara de lo que queremos contar, conseguir y provocar en el potencial lector.

Lo anterior va ligado a la tendencia evidente de una necesidad de "generación de contenidos", un proceso que adquiere vital relevancia si entendemos que cada publicación que se haga es una tarjeta de presentación de la empresa que está detrás de ese contenido.

Y es precisamente aquí donde adquiere vital relevancia no solo el rol del profesional a cargo de ese contenido, sino de que ese profesional debe estar en perfecta coordinación con otros departamentos de la empresa, desde Recursos Humanos hasta el de Comunicaciones, pasando por Marketing y por la propia dirección. ¿Por qué? Pues, como decíamos, es la cara de la empresa la que está en juego.

Ese contenido, a la vez que debe representar a la empresa, debe ser atractivo, provocador, interesante y, cómo no, debe estar perfectamente escrito. Nunca se debe confundir colegueo con cercanía, porque se puede ser muy cercano, pero jamás faltando el respeto al lector y menos a la propia lengua.

El contenido, en suma, es otra de las herramientas estratégicas que tiene la empresa para iniciar una presencia on-line. En primera instancia debe estar en un blog, contenedor mucho más interesante que una web corporativa que, casi siempre, el usuario observa con distancia e incluso con desconfianza. El blog, aunque sea corporativo, siempre genera algo más de cercanía, porque el usuario puede participar, opinar y sentirse parte de algo, que es uno de los objetivos principales que, como marca, se deben tener en cuenta.

Cómo crear buen contenido

He visto anunciadas varias técnicas para crear buen contenido para Social Media en diversos blogs. Sin ánimo de desmerecer el trabajo de nadie, en general me parecen una acumulación de lugares comunes y de técnicas de autoayuda que poco ayudan a inspirar la creatividad y más bien tienden a la frustración de los propios usuarios. Para que alguien me diga como técnica que requiero inspiración y transpiración, mejor recurro a mi madre: "Hijo, para conseguir lo que quieres tienes que dedicarte y esforzarte". En frases simples, es más o menos lo mismo.

El buen contenido no nace de profundas filosofías ni de acuciosos estudios. Nace del sentido común, del conocimiento de nuestro público y, sobre todo, de las intenciones que tengamos: informar, entretener, generar debate, comentar, criticar, interpretar, opinar. El tema, vendrá dado por el medio: un periódico deportivo, una revista de moda, un libro de cocina o un blog sobre Social Media. Y el contenido en sí, aparecerá de nuestra constante y continua investigación en todos los medios posibles: prensa, Internet, televisión, radio, la conversación del patio de vecinos, un cartel en la calle, un comentario en un blog, etc.

Las fuentes de inspiración son infinitas y hay que buscarlas. La inspiración requiere esfuerzo y trabajo, no surge por generación espontánea (eso no es más que un mito para justificar ciertos cuentos). El mejor consejo que me dieron a mí y que puedo repetir es: Nunca dejes de sorprenderte. No pierdas la capacidad de asombrarte por las cosas que ocurren a tu alrededor.

Hasta aquí todo resulta, en mayor o menor medida, fácil. El resultado de esta etapa dependerá de nosotros mismos. ¿Qué pasa después? La pregunta nos llevará a saber si lo que hemos escrito es o no un buen contenido. Pero esa decisión no es nuestra, es del público. Y la mejor forma de saberlo es comprobar la reacción de ese público ante lo que escribimos: ¿es positiva?, ¿es negativa? o ¡no hay respuesta!

La peor de todas es la indiferencia, pero no hay que hundirse ante ella. Cambiar el estilo es relativamente fácil: textos más sencillos, claros, precisos y bien escritos. Evitar la subordinación de frases e ideas. Si corresponde, darle un toque de humor (siempre desde el respeto, claro). Compartir experiencias, contar una historia como lo harías con los amigos en el bar. Emocionar al lector, hacer que se identifique. Vamos, un buen contador de historias, que ahora les ha dado por llamar storytelling, para darle más alcurnia. Probar y jugar con los textos hasta dar con la clave que provoque reacción y en la que como redactores nos sintamos cómodos.

No hay técnicas ni pasos a seguir. No hay reglas, consejos ni fórmulas mágicas. Lo único que hay es trabajo y esfuerzo, constancia, mucha lectura y una buena dosis de sentido común, para saber qué escribo y quién lo leerá. No se puede pretender ser siempre brillante ni tampoco sentirse siempre mediocre. Pero el buen contenido cuesta, como la fama (estoy viendo a Debbie Allen golpear el suelo con su bastón en la mítica serie Fama) y hay que trabajar muy duro para conseguirlo. Es el único secreto.

Comunicación 111: ¿qué decir?

No soy capaz de dimensionar la cantidad de páginas web, artículos y posts que hay respecto de cómo escribir contenido viral, de cómo hacer que tus tweets se reproduzcan o que tus entradas en Facebook se conviertan en el evento del día. Curiosamente todos ellos tienen un denominador similar: están plagados de lugares comunes y de reglas generales, casi tanto como la predicción de un mal adivino. Lo peor, es que pueden conducir a engaño: la comunicación no es única e infalible. Si así lo fuese, el mundo sería mucho más sencillo...

Hay tantos canales como seres humanos existimos, y tantos mensajes como nuestra mente sea capaz de generar. Si multiplicamos esa información, quizás seremos capaces de comprender el alcance que tiene Internet, aunque estoy completamente seguro de que nuestra imaginación se quedaría absolutamente corta. Al existir esa base tan amplia, es difícil sorprender con un contenido nuevo a los usuarios o con una sorprendente nueva forma de abordarlo. Pero sí seremos capaces de aportar nuestro punto de vista, tan único y subjetivo como cualquier otro, y con tanto valor como cualquier otro. Es allí donde radica la cualidad única de nuestro mensaje: no solo en el cómo decirlo, sino en el qué decir.

La suma de ambos, nos dará una nueva perspectiva. Y, si somos constantes, incluso nos permitirá tener una voz ampliada dentro del maremágnum de información. Pero encontrar qué decir, no es tarea fácil, menos aún en un espacio tan colorido y multicultural. Una de las formas que tenemos para abrir esa pequeña brecha por la cual podremos llegar a los demás, es en la especialización: encontrar el nicho en el que podamos aportar, revisitar o reproducir buen contenido. Con esto, quiero dejar claro que no existe una jerarquía de mejor o peor contenido en cuanto al tema sobre el cual gira, sino en cuanto a la consistencia con la que seamos capaces de argumentar, exponer y compartir. Es decir, que me da igual si tu voz habla de la inmortalidad del cangrejo, sobre e-learning o acerca de la interculturalidad en los procesos de socialización como fuente de paz, mientras la voz que hay detrás sea capaz de abordar ese contenido desde distintas aristas y perspectivas, iluminando la oscuridad que para el resto de los mortales tiene.

Una vez que encontramos ese "qué decir", el "cómo" adquiere un papel relevante. Aunque sea absurdo decirlo, es evidente que ese "qué" interferirá en la decisión de "cómo" entregar esa información: el canal utilizado, la frecuencia, la longitud, la profundidad, el lenguaje, la tecnología, el tiempo, la intención, el público objetivo, etc. Siempre es positivo tener en cuenta a quién nos dirigimos y qué pretendemos conseguir con ese mensaje (información, entretenimiento, persuasión...). Pero el canal también es importante. Aunque el origen sea el mismo, la voz que se escucha a través de un blog, de una web corporativa o de las redes sociales, no resuena igual en los oídos de los usuarios. Y eso ocurre porque va ligada a una experiencia, a unos prejuicios, a unas emociones a las que apelamos con cada palabra.

La comunicación es mucho más que una suma de frases. Es la carta de presentación que sostendrá la relación entre dos o más partes, y que debe ser acorde no solo con los objetivos que la motivan, sino también con la imagen que se proyecta, con el contenido, con la forma de entregarlo, etc. Por eso es tan importante detenerse a pensar qué queremos comunicar y cómo queremos hacerlo, porque si nos lanzamos sin haber respondido a ninguna de estas preguntas con antelación, el resultado puede ser desastroso, que es lo que vemos que ocurre casi a diario cuando el proceso de comunicación se deja en manos inexpertas o de personas que no tienen en cuenta las consecuencias de una mala campaña comunicacional: cartas[59] con toques sexistas y retrógrados, empresas que eliminan[60] comentarios en contra o unas polémicas zapatillas[61]. Y estos son los casos que llegan a la luz, pero estoy seguro de que hay muchos más que, aunque no tengan la repercusión mediática que los ejemplos anteriores, sí han provocado más de algún dolor de cabeza a unas cuantas empresas.

¿Le confiaría a un futbolista su defensa en un caso de fraude fiscal? ¿No, verdad? Pues, ¿por qué le daría su plan de comunicación a alguien sin experiencia? En cada caso, estoy seguro de que las consecuencias sería nefastas en el corto o medio plazo. ¡Da para pensar, ¿no?!

---

59   http://www.marketingdirecto.com/actualidad/anunciantes/lufthansa-es-criticada-por-ofrecer-una-imagen-sexista-y-de-los-anos-50-de-la-mujer-en-un-mailing/

60   http://www.greenpeace.org.ar/blog/crisis-comunicacional-2-0-el-lado-oscuro-de-volkswagen-se-revela-en-facebook/6317/

61   http://comunicaciondecrisison-line.wordpress.com/2012/06/28/tu-producto-me-molesta/

De 1 a 10: ¿Cuánto me leen?

Una vez más nos encontramos frente a una pregunta compleja: ¿cuánto me leen?, de la que se derivan muchas otras: ¿cada cuánto?, ¿quién?, ¿cuándo?, ¿cómo?, ¿por qué? Como estas últimas dependen en mayor medida de nuestros usuarios, nos vamos a centrar en la primera interrogante: ¿cuánto me leen? Y la encrucijada no es menor, porque puede ser abordada desde dos puntos de vista principalmente: cantidad y calidad.

En cantidad es fácil responder a la pregunta con cualquier medición de audiencias tipo Analytics: número de visitas, páginas vistas, porcentaje de rebote, términos de consulta, etc. Pero tampoco brinda toda la información, sobre todo cuando hay una difusión multicanal: redes sociales, RSS, suscripción por e-mail, etc. Pero da una idea bastante acertada que nos permite, extrapolando o no los datos a otras plataformas, hacernos una idea del seguimiento cuantitativo que tiene nuestro blog o nuestra web.

El número que arroja la métrica anterior es, en todo caso, equívoco. Si enfocamos globalmente el contenido como un todo, un post o una entrada pueden seguir generando tráfico durante meses, incluso años, con lo cual los datos de un único día no son representativos. Además, esta medición no valora el efecto que tiene ese contenido en el posicionamiento de mi blog o de mi página en los buscadores, y mucho menos el efecto que provoca en los usuarios en cuanto a valoración, validación y vinculación.

Así llegamos a la medición cualitativa, que tampoco es la única respuesta en sí misma, porque es fácilmente interpretable y juega en planos más emocionales que numéricos, con lo cual pasa a ser altamente imprecisa. El feedback proporcionado por mis usuarios no puede ser medido en cuanto a parámetros contables y mucho menos basándome en mi propia percepción. Y no hay una métrica que pueda ser representativa al respecto, razón de más para confiar en una mezcla de ambas: una cuantificación numérica, pero teniendo en cuenta otros factores determinantes en el éxito o fracaso de un proyecto de Social Media: repercusión, vinculación con la comunidad de usuarios, feedback, difusión y redifusión de contenidos, participación, etc.

Con esta idea en la cabeza, vamos hacia otras dos que me parece relevante recuperar hoy:

1. El contenido es el rey: además de otorgar valor al sitio (si es un contenido de calidad, claro), genera una serie de dinámicas tanto entre los usuarios como a nivel de posicionamiento. Mientras más y mejor con-

tenido tengamos, más y mejores resultados cualitativos y cuantitativos tendremos. Es así y no hay demasiadas vueltas que darle.

2. Cada cuánto escribir. Es una pregunta común y que todos nos hemos planteado. Lamentablemente no hay una respuesta única. Dejando de lado la importancia que tiene el contenido según hemos visto en el punto anterior, la periodicidad depende del tiempo y del objetivo de cada uno. No es obligatorio actualizar a diario, pero sí es positivo. Incluso, hay sitios que actualizan varias veces al día... Mucho mejor, porque habitualmente generan más tráfico y más contenido. Pero también hay sitios que funcionan muy bien con una carga cada dos o tres días, o semanalmente. Lo importante es dar con la fórmula que nos acomode tanto a quienes nos dedicamos a alimentar el "contenedor" como a quienes busquen el contenido. Como no hay fórmulas matemáticas al respecto, habrá que probar hasta llegar al punto de equilibrio entre la disponibilidad de tiempo-recursos y la respuesta de nuestros usuarios. Ese es el lugar preciso al que queremos (y podemos) llegar.

Lo importante, entonces, no es cuánto (aunque a todos nos interesa), sino la razón por la cual lo hacen, que habitualmente tiene relación con la identificación y el interés creado por nuestro contenido. Porque será esa base sobre la cual se construirá la reputación de nuestra marca y la comunidad que nos rodea, que no solo importa en número de usuarios sino también en conversión, acción y reacción de ellos en cuanto a mi empresa o proyecto. Es decir, calidad y cantidad como visión global.

Redacción creativa y textos funcionales

Muchas veces se afirma que la belleza está reñida con la inteligencia. Pero la realidad, al menos en el mundo de la creación de textos, es totalmente opuesta: belleza e inteligencia deben ser los ingredientes sobre los que se basa la estrategia creativa. Y la tarea no es nada sencilla.

En los últimos años, unas de mis labores principales ha sido la edición de textos y la corrección de estilo, además de la generación de contenidos para distintos "contenedores": blogs, periódicos, revistas, newsletters, redes sociales y páginas web. Pero este último mes, además de adentrarme en un mundo nuevo (la literatura infantil) como corrector, me ha tocado centrarme en la parte comunicacional de dos proyectos que necesitaban un retoque de sus contenidos. Y todavía estoy trabajando con ellos...

Uno es de corte más técnico y profesional, no solo por el producto (embarcaciones para ocio y deporte), sino por el público y los valores que representa. El otro, es una oasis de gozo entre tanto gris: una agencia de diseño y creatividad que me ha dado total libertad de acción. Una mina de oro para un redactor creativo. Me lo he pasado de maravilla haciéndolos... Y hoy vuelvo a ellos para retocar algunas cosas.

Es difícil conjugar los factores: creatividad, generar interés, contenido de calidad, excelencia gramatical, emoción, humor, etc. Los "contenedores" corporativos suelen ser un poco más complicados, sobre todo cuando no tienen claro cuál es su forma de relacionarse con sus clientes: ¿tratamos de usted y mantenemos cierta distancia?, ¿tuteamos y sobrepasamos la línea?, ¿buscamos un punto intermedio entre ambas? Como decía, la misión es complicada, pero no imposible.

Lo primero es dejarse llevar por la creatividad. Siempre habrá tiempo para replegar más que para desplegar la imaginación. Hay que hacer varias pruebas, dejarlas reposar, leerlas, releerlas, ver cómo funcionan, corregir con una alta capacidad autocrítica, volver a leer y volver a corregir. Si hace falta, comenzar todo el proceso de nuevo, aprovechando aquellos pasajes que funcionan y desechando aquellos que no. Lo mismo vale para los tweets, los posts de un blog o para cualquier texto que tenga relación con nuestra imagen corporativa, personal o con nuestro plan de Social Media.

Lo importante es dar con un contenido de calidad, que no solo aporte a la imagen, sino que también se convierta en una excelente herramienta SEO: si el texto es bueno y aborda desde una perspectiva interesante (o varias) algún tema en particular, los usuarios seguirán recurriendo a ella a través de las palabras clave, lo que redundará inevitablemente en una mejora del posicionamiento que tenga ese contenido (y el continente) en la web. Es una cuestión de pura ganancia...

No a la "nueva redacción"

El actor Steve Martin (@SteveMartinToGo) dio en Twitter, tiempo atrás, una lección magistral: "Did you know it's possible to Tweet a concise, grammatical, correctly punctuated sentence that is exactly one hundred forty characters long?". Es posible y, sobre todo, es necesario que la imagen que proyectamos como usuarios creíbles o como una empresa de referencia, mantenga un alto nivel de corrección lingüística. No es un capricho como editor o como periodista, sino un elemento indispensable como asesor comunicacional.

Pese a que muchos se declaran "indiferentes" ante la forma de escribir en las redes sociales, en los servicios de mensajería instantánea, en blogs o incluso en los correos electrónicos, todavía existe una fuerte tendencia a mirar mal aquellos mensajes "oficiales" o "profesionales" que contienen faltas de ortografía y redacción. Igualmente importantes son la claridad y la concisión en la entrega, dos componentes muy importantes y que, habitualmente, son ultrajados por la tendencia a creer que mientras más información se entregue y más oraciones subordinadas haya en un párrafo, mejor. ¡Gran error!

En un debate público en LinkedIn sobre algunas prácticas imperdonables en un blog, unas de las cosas que más se repetían junto al contenido y la periodicidad de actualización son, precisamente, la ortografía y la correcta redacción de los textos. No está nada mal, teniendo en cuenta la corriente que apuesta más por el contenido que por el continente. Para mí es un error monumental, porque el contenido depende del continente en muchos sentidos: primero, tengo que saber dónde escribo (blog, Twitter, web, prensa, documento académico, etc.) y para quién (potencial público lector) y con qué características técnicas (papel, on-line, etc.); en segundo lugar, es necesario saber cuál es la intencionalidad del texto (información, entretenimiento, persuasión, tesis, etc.); y, por último, escribirlo de forma adecuada según lo anterior, atendiendo a las normas de redacción adecuadas al nivel lingüístico que corresponda (informal, formal o supraformal). Es el único camino para producir textos que sean correctos en cuanto al lenguaje, eficaces en cuanto a la intencionalidad, interesantes en cuanto al contenido y estratégicos en cuanto a la repercusión que esperamos.

Hace poco fui testigo de una conversación donde se hablaba de esa "nueva redacción", los nuevos aires que estaban llegando a la lengua y que, como ella es dinámica y está viva, iría adecuándose a los nuevos tiempos. Mi respuesta es un rotundo ¡NO! Una cosa es que la lengua esté viva y otra muy distinta es que vaya incorporando errores comunes porque a muchos les da pereza hacerlo de forma correcta. De igual forma, soy el primero que promueve esta "religión" en las redes sociales: me niego a escribir mal, sea cual sea el medio por el cual me comunique. ¿Acaso hablamos peor por el móvil que en el cara a cara? Al menos todavía no he visto a nadie emitiendo sonidos, gruñidos y graznidos por un altavoz (o no en una conversación normal).

No puedo aceptar ese concepto de "nueva redacción", porque esa forma de redactar no es nueva, es errónea. Y no hay más vueltas que darle.

Somos creativos... pero no así

Una de las aspiraciones más comunes en el mundo de la comunicación y el diseño es "ser creativos", marcar una diferencia. Y me parece una aspiración más que válida y justificada, sobre todo teniendo en cuenta el mercado competitivo en el que nos movemos. Lo que no se puede pedir, en todo caso, es un milagro.

Hay clientes que piden campañas virales o propuestas innovadoras sin tener objetivos claros, sin una idea mínima de lo que realmente puede generar ese intento de epatar al público y, por supuesto, sin la mínima intención de invertir. Algo así como si la inspiración se pudiese encontrar en un bazar a disposición de todo el mundo. No, sencillamente no es así. O no es la forma en la que nos gusta trabajar...

La creatividad nace del conocimiento objetivo y subjetivo de lo que ocurre a nuestro alrededor, de saber qué hay y qué está ocurriendo para generar una nueva corriente, una idea distinta, un soplo de aire fresco. Si no hay una base, un estudio, un mínimo aprendizaje, la creatividad no es más que una idea sin fundamento que no necesariamente será positiva y, mucho menos, si no hay un objetivo claro, porque en ese caso la creatividad perderá todo su sentido. La razón es simple: no somos artistas, sino nos dedicaríamos a otra cosa.

Redactar textos, para alguien que tiene un entrenamiento previo, no es complicado. A veces la inspiración puede tardar más o menos, pero se consigue. El punto es que, al menos en el ámbito técnico-profesional, necesitamos una base informativa que nos permita entregar un resultado de calidad: el periodista investiga, se documenta, aprende, pregunta... No crea desde el limbo inspiracional y mágico de las musas. No, lo suyo es algo profesional que requiere dosis de creatividad, de racionalización y de trabajo.

Uno de los malentendidos más comunes es que se considera a los textos de una web institucional como algo de "ficción", de pura creatividad, cuando debería ser todo lo contrario (obviamente hay excepciones): la gran mayoría de la información corporativa no puede ser ficción y debe tener claros los objetivos que pretende conseguir para poder diseñar y componer el texto más adecuado. De la misma forma, un periodista debe tener una intencionalidad y un conocimiento tanto del medio como del público al que va dirigido para poder contar su historia de la mejor manera posible, para que llegue a esos lectores a través de esos medios.

En Social Media ocurre lo mismo: escribir textos por escribir, es algo que termina por pasar factura. Cada paso de la comunicación corporativa está basado en unos objetivos claros, en una intencionalidad, en un proyecto mayor. No surge del imaginario espontáneo del CM de turno porque sí, sino por una clara intención previa basada en la documentación, en el conocimiento del medio y de la comunidad hacia la que va dirigida. Si no, es cosa de repasar las grandes debacles de comunicación que se han producido por dejar este trabajo en manos de individuos con pocas habilidades y sin experiencia profesional en comunicación. Todos comunicamos, sí; pero no todos sabemos comunicar...

Nosotros apostamos por una información seria, que si bien tiene que basarse en la creatividad y en la intención de impactar, conmover y atraer, no puede perder de vista su cometido principal: informar, tal como su nombre lo dice. Y seria no quiere decir aburrida, al menos no en este mundo, sino documentada y concreta. Lo que no se puede hacer es pedir imposibles: la redacción periodística no es como el diseño o como otras expresiones artísticas. Sobre todo, no es literatura; por lo tanto, no surge de la nada. Sí surge del trabajo, el esfuerzo y de una labor previa más intensa que la propia acción de escribir. Si nos intentan quitar esa parte, poco más podemos hacer.

Para qué sirve un blog

En las últimas semanas he tenido que justificar un par de veces la existencia y mantención de un blog como eje de la estrategia de Social Media para dos proyectos que podían ganar mucho si se hiciese un buen uso de esta herramienta. Por ello, quiero hacer un breve listado de las razones que convierten a un blog en una parte importante del plan de comunicación on-line.

Imagen:

Construcción de una imagen más amigable y dinámica que la corporativa, sin perder de vista los valores esenciales de la organización o la marca.

Mayor cercanía con la comunidad de usuarios, que redunda en una mayor familiaridad con el producto o servicio. Es menos formal que la web corporativa.

Se percibe como algo moderno, que sigue la tendencia 2.0, por lo cual promueve un mayor sentimiento de confianza.

Si se maneja bien y se fortalece con buen contenido, puede fomentar la configuración de una comunidad activa de usuarios, con los beneficios que eso significa.

Comunicación:

Relación directa con clientes y usuarios finales.

Feedback instantáneo y honesto.

Sirve como forma de testeo de productos, servicios o estrategias. La reacción de la comunidad inmediata será fundamental.

Generar opinión de forma permanente por parte de los usuarios, que multiplicarán nuestro mensaje por la web (si es interesante y cumple sus expectativas).

Posicionamiento:

Su contenido no caduca y permanece en la indexación de los buscadores (excelente herramienta SEO).

Permite generar tráfico desde y hacia nuestra web corporativa o nuestra tienda on-line.

Se puede proyectar su contenido a través de otros vectores (redes sociales), potenciando su alcance.

Su presencia y constante actualización fomentan la fidelización de la comunidad de usuarios.

Estrategia:

Permite la integración con redes sociales, webs y otras herramientas de comunicación: canales de vídeo y música, álbumes de fotos, etc.

Su actualización es fácil y dinámica.

Su esencia nos permite monitorizar y redirigir con facilidad el camino a seguir.

Dadas sus características, permite la interacción con los usuarios y un seguimiento en tiempo real de las acciones emprendidas.

Seguro que se te ocurre alguna más.

¿Qué escribir en un blog?

Una de las principales preguntas que nos podemos hacer al plantearnos un proyecto de blog es qué contenidos incluir. Las herramientas del community manager para esta tarea son numerosas y muy clarificadoras, pero no hay nada como el sentido común –esto podéis repetirlo como un mantra: no hay nada como el sentido común–.

Es obvio que en una bitácora personal pueden caber muchos temas o se puede desarrollar desde un único tópico. En la Red son innumerables los ejemplos. Pero en un blog profesional, debe existir una cierta coherencia temática, acorde con el público objetivo al que queremos dirigirnos o para mantener al que ya tenemos cautivo. Sin hacerse necesaria una gran estrategia, se asume que si la bitácora está dirigida a los Social Media, pues el contenido tendrá que girar en torno a ese tópico central, principalmente, y abordar distintos temas que de forma directa o transversal tengan que ver con él.

¿Por qué? Simplemente para evitar una dispersión del contenido y del público, para no distraer al usuario de los temas que está buscando y para centrarnos en lo que sabemos hacer. La necesidad de especialización se hace patente en un mundo tan complejo y diverso como el que nos ofrece Internet. Lo importante, entonces, es saber qué quiero escribir y a quién le interesa ese contenido.

Como decía antes, hay herramientas on-line de gran calidad que nos permiten conocer tendencias, constatar los temas más comentados o buscados en las distintas redes sociales o en Internet en general, lo que nos facilita la opción de acertar a la hora de abordar la alimentación de un blog. Pero, repitiendo también lo que ya comentaba, es necesario tener un sentido común despierto y atento, porque no necesariamente un trending topic es conveniente para mi imagen de marca, para mi público o para los objetivos deseados.

Muchas veces nos cegamos ante la necesidad de cantidad por encima de la calidad. Pero no perdamos de vista que es mejor contar con pocos usuarios fieles y con un perfil determinado, que una marea de seguidores sin rostro y difíciles de parcelar. Lo importante es generar contenidos de calidad, coherentes, bien escritos y claros, lo que facilita no solo el acceso a un público mayor, sino también una buena reputación on-line.

Comunicación 1: desde el blog

Vamos a dedicar este artículo a la comunicación, a la forma de crear y mantener el vínculo con nuestros usuarios a través de los distintos canales del Social Media. Si bien podríamos pensar que las redes sociales son el eje principal de la estrategia comunicacional, en la gran mayoría de los casos el blog se ha convertido en la piedra fundamental de toda la estructura. La razón es bastante simple: cambió la forma de contar la historia desde la empresa, a través de una voz que generaba más confianza, calidez, emotividad y a la que se veía como "menos oficial" o "no oficial" en comparación con los muchas veces infumables textos corporativos (práctica que se mantiene casi intacta hasta hoy).

La aparición de los blogs permitió generar una nueva corriente relacional entre las empresas y sus clientes. A la voz institucional, se sumaba una que era cercana a la marca o producto, pero con la cual se podía contar, que daba mayor confianza: era más informal, la continuidad del flujo comunicacional era permanente, lo cual predisponía a la conversación y, poco a poco, fue permitiendo la interactividad, lo que terminó por conquistar el corazón de los usuarios. Muchas empresas vieron aquí un enorme potencial y se lanzaron de cabeza a generar contenidos que, de una forma u otra, les sirvieran para mejorar su imagen y su reputación, tanto off-line como on-line, y que se consolidasen como una vía alternativa de información.

Alrededor de los blogs y de los ya existentes foros, se configuraron las primeras sombras de las actuales comunidades on-line. Si bien en ese tiempo era mucho más común la ocultación de la identidad privada, hoy en día la exposición a la que nos hemos acostumbrado de la mano de Facebook o Twitter, motiva a que esas comunidades de usuarios tengan cara, nombre y, sobre todo, voz. Los nuevos usuarios, bastante más evolucionados que los primeros, ya no solo reciben información de forma pasiva, sino que la buscan activamente, la contrastan, la analizan, la comparten y, en gran parte, toman posición con respecto a ella.

Y los blogs siguen siendo grandes protagonistas en estas tareas, especializándose ahora en sitios que recopilan información de la Web y la jerarquizan, para facilitar a otros usuarios la búsqueda segmentada en una autopista de la información que, a ratos, parece saturada de ruido. Ya no solo contamos con los blogs oficiales de las empresas o de las marcas, sino con emprendimientos particulares que se han ganado una posición importante dentro de las opciones corporativas, incluso a veces superándolas, lo que ha implicado una movilización de esfuerzos por parte de las organizaciones para que esas voces se mantengan en su órbita y sirvan a sus intereses.

Pero la relación de equilibrio es delicada, y así como muchos blogs han sucumbido a la oficialidad a cambio de buenos tratos económicos o laborales (que no es crítica, sino constatación), también se ha generado una oleada importante de voces independientes que buscan su sitio en el ciberespacio y que se han conformado como una fuerza importante dentro del storytelling de las empresas. Las voces ya no suenan de una misma forma, sino que tienen todo tipo de timbres y de colores. Los beneficiados somos los usuarios, ya que contamos con una amplia selección de información para tomar decisiones más inteligentes y menos impulsivas. Pero hay que tener cuidado, porque detrás de cada blog hay un ser humano, con todas sus fortalezas y debilidades.

Ante tanta información, siempre es posible perderse. Por ello, siempre debemos depositar nuestra confianza en páginas que contengan una firma, un nombre, una cara detrás de la información. Todos somos potenciales contadores de historias, con mayor o menor éxito, pero también debemos ser conscientes de que no todas las historias que se cuentan son de calidad, objetividad y credibilidad, tres pilares esenciales sobre los que debe basarse el contenido que encontramos en la Red y en cualquier otra fuente. Así, cada historia debe ser interesante y llamativa, pero también darnos una sensación de seguridad y consistencia detrás del mensaje.

El blog, como herramienta de Social Media, ha cobrado un protagonismo relevante. No solo por su capacidad de generar tráfico, de captar audiencias, de posicionar mejor en buscadores a los productos y de interactuar perfectamente con otras herramientas (video, audio, redes sociales, páginas corporativas, microsites, etc.), sino por su excelente desempeño comunicacional: el mensaje es permanente, continuo y permite tener una relación directa con los usuarios a partir de los comentarios y la participación que generan. Si bien no es la respuesta para todos, es un pilar fundamental para muchas de las estrategias de comunicación on-line ligadas a este mundo de Social Media en el que nos desenvolvemos.

¿Han muerto los blogs?

Alguien muy metido en temas de Social Media decía que el mundo de los blogs estaba empezando a morir y que las redes sociales estaban asumiendo la función comunicativa.

Partiendo de esa premisa, creo que sí que es verdad que las redes sociales están adquiriendo una dimensión nueva en cuanto a la comunicación entre usuarios distintos (persona a persona, empresa a persona, persona a empresa, organizaciones, entidades públicas o privadas, etc.), pero de una forma completamente diferente a lo que ocurre en un blog. Se asemejan en cuanto a su carácter 2.0, a la interactividad y a la inmediatez, pero son continentes diferentes para contenidos distintos.

El blog, corríjanme si me equivoco, abre las puertas a un contenido más pausado, menos efímero y evidentemente más profundo. Sin quererlo, quizás, incluso más serio y con mayor credibilidad. Los espacios disponibles en las redes sociales son más volátiles, no admiten profundidad o reflexión excesiva, y apuntan a un concepto mucho más preciso de información.

Siguiendo esta arbitraria definición, que se me ocurre desacertada, creo que el mundo de los blogs todavía tiene mucho que decir y es una herramienta de apoyo indispensable dentro del ámbito de los Social Media y el trabajo comunicacional en diversos ámbitos: medios, prensa, empresas, atención al cliente, información específica, entretenimiento, etc. Y las redes sociales, como vectores de ese contenido pueden funcionar a la perfección, porque sin ellas es más complicado proyectar lo que en el blog se escribe.

No, no han muerto los blogs. Es más, creo que su camino todavía es suficientemente largo como para seguir confiando en ellos y apostar por convertirlos en una fuente informativa de primer nivel.

El continente perdido (y el contenido también)

En un foro de LinkedIn dejé la pregunta abierta ¿Han muerto los blogs?; y, sin pensarlo, Nieves Granell Martín me abrió la puerta hacia una perspectiva que no me había detenido a mirar. Esto es lo que dijo: "La información va a tal velocidad, que nos hemos olvidado de agradecerla, de caer en que hay un trabajo detrás. Y aparte, al compartir dichas entradas en las redes sociales, a la gente ya le vale con ese resumen, da pereza ir al sitio original y ponen un "me gusta" tan solo porque la foto o el enunciado les agrada y otro detalle, el comentario lo dejan en la propia red".

Puede resultar obvio a primera vista, pero es un fenómeno que, al menos yo, no había contemplado: el contenido nos importa cada vez menos. Simplemente pensemos por un momento, dejando de lado los prejuicios y las aspiraciones personales: cada vez más tenemos menos tiempo ante una mayor cantidad de información (estamos infoxicados), por lo cual nos estamos acostumbrando a los resúmenes, los tweets, los leads periodísticos, las noticias en 5 líneas... Y todo eso, sin quererlo, le va restando importancia al propio contenido y al continente.

Al primero, porque por una cuestión de supervivencia, necesitamos saber lo justo, lo preciso, lo que nos interesa y poco más. Lamentablemente, cada vez tenemos menos tiempo para contrastar, poner en duda, cuestionar y levantar la voz para preguntar ¿por qué? o ¿cómo sería si...? Nuestro entorno determina, inevitablemente, la información que recibimos, incluso la que buscamos. Tanto así que, al poco andar, nos creemos dueños de verdades que no son más que incompletas y artificiales fantasías relativas, aspiraciones y deseos de lo que nos gustaría, del mundo al que aspiramos, de la sociedad en la que queremos vivir. Hemos perdido el contacto con la perspectiva que nos dan los numerosos puntos de vista y, sobre todo, las voces distintas. Lo peor es cuando tratamos de configurar al mundo desde esas pequeñas verdades, no solo el nuestro sino también el de los demás, en un acto peligroso de ejercicio despótico de quien se cree portador de la verdad superior.

El continente, en tanto, se va difuminando en un mundo de redes interconectadas: lo que decimos en un sitio se multiplica exponencialmente en distintos foros, contextos, espacios virtuales... El público es complejo y diverso, tan heterogéneo como la sociedad en la que nos movemos, incluso mucho más que la sociedad con la que compartimos a diario en nuestro limitado radio geográfico. La distancia se pierde, así como las referencias culturales y las motivaciones personales. El eco de nuestras palabras traspasa fronteras mucho más allá de lo que siquiera somos capaces de pensar o de creer.

Así, un blog deja de ser un punto de encuentro y se convierte en fuente primigenia, pero su repercusión mayor vendrá de la mano de los vectores que transporten esa información por la red, incluso sin necesidad de que se deba acceder a ese origen informativo. Esto, incluso, juega en contra de la propia esencia de negocio que tiene un blog –para quienes queremos hacer de esto algo profesional–, que se mide más por sus propias estadísticas que por la capacidad de distribución de sus contenidos. Y juega, además, en contra del propio autor, que ve como su trabajo se pierde en una construcción piramidal de contactos, comentarios y "me gusta", que muchas veces somos incapaces de rastrear el origen –incluso quizás falso o erróneo– de una información. ¿Peligroso? Peligroso no, lo siguiente...

Con todo esto vengo a decir que hay un fenómeno que, si no pienso mal, se está pasando por alto y que debería ocuparnos unas buenas horas de reflexión y acción, sobre todo a los que disfrutamos escribiendo y leyendo.

La calidad del contenido

"¿Cómo encontrar blogs relevantes sin haber leído por los menos 10 sin contenido de calidad?" y la pregunta da para pensar.

Seguramente nuestra experiencia en la Red nos ha llevado a pasearnos por infinidad de contenidos diversos, tanto en profundidad como en credibilidad. Lamentablemente no existe un parámetro universal para medir esta última y debemos basarnos en nuestro propio criterio, con todo el peligro subjetivo que eso implica, para decidir si un contenido es fiable o no. La cualidad inherente a Internet es la democracia, lo que permite a cualquier usuario generar contenidos en la web; no obstante, esto no significa que todos esos contenidos generados tengan el mismo peso específico a la hora de aportar información coherente y valiosa.

De la misma forma en que no se puede confiar libremente en una página web como fuente para citar en una investigación (a no ser que la fuente esté lo suficientemente contrastada), un blog corre la misma suerte. Debemos ser capaces de discriminar la información veraz de aquella que simplemente representa una opinión parcial y limitada. La calidad del contenido, como veníamos comentando, ha pasado a un segundo plano a causa de la falta de tiempo y la infoxicación a la que estamos sometidos. Y, como siempre, somos los únicos que, de momento, podemos hacer algo al respecto.

En mi larga experiencia como usuario activo, periodista y director de medios on-line, he aprendido que para confiar en una fuente en Internet, lo primero es que necesito encontrar una firma clara, de una persona o de un colectivo, de una organización o de una empresa, y de la cual yo pueda averiguar más: quiénes son, cuál es su actividad, qué buscan, cuáles son sus objetivos, miembros que la componen, trayectoria profesional, etc. Es cierto que son todos datos que pueden ser inventados, pero suele ocurrir que quien no ejerce con criterio de fidelidad el ejercicio de la libertad de expresión, no suele perder tiempo en identificarse e individualizar sus objetivos.

E intentando responder a la pregunta, la verdad es que es difícil encontrar esas fuentes de contenido, pero una vez que los encuentro, procuro hacer lo posible por no volver a perderlos. Es la única forma de establecer nuestra propia red de información que sea útil y creíble.

En defensa del contenido

Definitivamente en España no hay una cultura de pago por consumir contenidos, sobre todo los relativos a los ámbitos de la cultura y de Internet. Curiosamente, la gente sí está dispuesta a pagar por otro tipo de contenidos: científicos, del corazón, fútbol, cine (en determinados y precisos casos). Youzee, empresa de VoD (Video on demand) o servicio de video en streaming a la carta, se vio obligada a reducir su plantilla en un 80% y a abandonar el servicio de tarifa plana que ofertaba, precisamente porque el modelo no funciona en España.

De igual manera, ocurre con el trabajo que desarrollamos en Internet. En las últimas semanas hemos perdido dos nuevos clientes sencillamente porque no estaban dispuestos a pagar lo justo, ni siquiera lo deseable, por realizar nuestra labor. No sé si es aprovecharse de los tiempos de crisis o simplemente es que en su política interna, las empresas no están dispuestas a reconocer el trabajo de los demás en este campo. La pregunta que siempre me surge es ¿por qué alguien no tiene reparos en pagar por el diseño de una web, pero se niega a hacerlo por el contenido? ¿Qué es, en realidad, lo más importante? ¿Estamos perdiendo el norte? La verdad es que depende del punto de vista de quien lo mire, pero ambos son, en suma, igual de importantes. ¿Por qué, entonces, esa diferencia de trato?

¿Qué pasa con Internet? Antes de las vacaciones ya hablábamos de contenido libre y gratuito, como dos cosas completamente diferentes. Por un lado, la posibilidad de leer y publicar cualquier tipo de contenido (libertad); por otro, el acceso a todos los contenidos sin pagar (gratuidad). El primero es absolutamente deseable; el segundo, igualmente deseable, tiene un reparo: la necesidad de pagar por el buen contenido que se puede encontrar en la Red.

Si bien es cierto que la oferta es cada vez más amplia, todavía Internet carece de un alto porcentaje de fuentes fiables que la hagan merecedora de una confianza absoluta. Y, por más que la voluntad de los usuarios activos de la Red produzca una generación de contenidos aceptable y diversa, lamentablemente eso no la dota de la calidad a la que deberíamos aspirar. Pero es así, hay una visión aceptada de la mediocridad, simplemente por el hecho de que sea gratis. Estamos dispuestos a ver una mala copia de una película o de un programa de televisión colgado en la Red por el hecho de no pagar una cuota mensual más que prudente (en Youzee, por ejemplo, era de 7 euros al mes, es decir, lo que puede costar una copa en una buena cantidad de bares de Madrid o menos de lo que cuestan dos paquetes de tabaco o unos 5 billetes sencillos de Metro).

Ese es un tremendo error, porque si estamos dispuestos a pagar la alta definición para ver un gol, deberíamos estar dispuestos a pagar por un buen servicio informativo, sobre todo en temas específicos, en contenidos especializados, en producción audiovisual, literaria, científica, cultural, etc. Si no, el sistema no es capaz de sostener una escasa demanda y, por tanto, de ofrecer un producto de calidad a un precio razonable. Así vamos, pero nosotros nos negaremos a regalar un trabajo que no solo requiere de un desarrollo intelectual y creativo, sino que defenderemos con firmeza el valor de la labor que realizamos nosotros, al igual que muchos profesionales de este ámbito.

¿Cuál es el futuro del contenido en la Red?

¿Te parece adecuado el bombardeo constante y continuo de información a nuestros usuarios a través de newsletters, publicidad, posts, tweets, etc.? Te lo pregunto porque, como usuario, cada día me molesta más y no hago más que leer en Internet, ebooks y oír en podcasts, que es una de las herramientas esenciales que la Red ofrece al mundo del marketing.

En el último mes me he dado de baja de, al menos, 4 servicios o websites que no hacían más que enviarme información que no había pedido de forma permanente: hablo de 4-5 correos al día, lo que me parece un despropósito, sobre todo teniendo en cuenta que a diario debo gestionar más de 400 correos electrónicos a través de distintas cuentas.

Curiosamente, y es algo que me molesta profundamente, hay muchos de esos correos que tienen la frasecilla de "está recibiendo este correo porque usted lo ha solicitado", cuando en realidad no ha sido así. Como si eso fuera un resquicio legal para evitar cualquier acción en su contra. Y siempre pienso: "Pues no, no lo he solicitado nunca. Lo que pasa es que te vendieron una base de datos con mi nombre y mi dirección de correo".

Sinceramente creo que se ha trasladado a la Red una práctica peligrosa e intrusiva a la que nos hemos acostumbrado en el mundo "real": la publicidad invasiva, el autobombo, la absoluta confianza de que la única forma de acceder a los usuarios/clientes es el acoso, el cansancio y el atontamiento. Si no me equivoco, el usuario actual de Internet es más listo en general, está más preparado y no cae tan fácilmente en esos recursos. Pero, evidentemente, tiene que dar resultados si persiste como práctica de negocio.

Entonces, ¿qué pensáis vosotros? ¿Os lo habéis planteado más allá, digamos, filosóficamente? ¿Es igual el usuario de Internet que el de la TV, por ejemplo? Y, sobre todo, me gustaría debatir con vosotros sobre el futuro, sobre cómo creéis que esto va a funcionar en el futuro. ¿Cuál es el futuro del contenido en la Red?

Hoy quiero que participéis, que os mojéis, que hablemos y que entablemos una discusión interesante, multidisciplinar y abierta. Hoy quiero escucharos... ¡Gracias!

Periodismo y Social Media

Hago alusión a un artículo donde se habla también del vínculo cercano entre periodismo y Social Media, pero zanjando el tema de buena forma: "Si bien es cierto que un periodista puede convertirse en Community Manager, también lo es que este proceso no es automático. Tener conocimiento sobre la ortografía y facilidad para redactar es un buen argumento, pero un CM no solo escribe; sino que, además, debe realizar estrategias de Social Media"[62]. Con esto, lo que quiero decir es que, aunque nos fijemos en el contenido y este sea de vital importancia, también se deben tener muchas otras cosas en cuenta para trabajar en este ámbito.

Es verdad que la preparación de un periodista le facilita el terreno de forma natural hacia el mundo de los medios on-line y la relación con las comunidades, la transición debe ser un acto consciente y profesional. Pero vamos a retomar el camino del contenido, que es una de mis principales preocupaciones.

"A pesar de que tú –empleado, apóstol o apologista– te sientas obligado a escribir, nunca nadie está obligado a leer" (Tim Radford. 25 mandamientos para el periodista[63]). El manifiesto de Radford, periodista de The Guardian por más de 30 años y ya jubilado, me sirve de excusa para continuar hablando sobre el buen contenido. Inevitablemente, la labor de un redactor periodístico se entrelaza con la del generador de contenidos en Social Media y, sobre todo, con el estilo de la redacción de los medios on-line: claridad, concisión y precisión a partes iguales.

Aplicando la filosofía de Radford, que tampoco está alejada de cualquier manual de estilo que se precie, habría ciertas reglas para generar un buen contenido que se pueden resumir en:

1. Debemos enganchar al lector con cada frase, con cada contenido. De lo contrario, lo perderemos.

2. Recurrir a "palabras simples, ideas claras y frases cortas".

3. No se debe subestimar al lector, pero tampoco complicarle la vida: la lógica del "menos es más" tiene mucho más sentido aquí que en el mundo de la moda.

4. La información debe ofrecer algo: sentido del humor, emoción, intensidad o acidez. Debe ser interesante y muy clara: si no eres capaz de resumir esa idea en una frase, empieza de nuevo.

---

62   http://clickefectivo.com/?p=13430

63   http://www.paperpapers.net/2012/05/manifiesto-para-periodistas-sencillos.html

5.   No vayas de "colega" ni utilices jerga. Habla alto y claro. La cercanía con el lector se consigue con otros elementos: profesionalidad, empatía y transparencia.

6.   Lee. No hay más vueltas que darle.

7.   Cuida las sentencias definitivas y no prejuzgues. La verdad ante todo...

Con estas ideas en mente, la parte estructural del contenido y buena parte de la forma debería estar resuelta. Sobre todo, hay que tener en cuenta la frase que abre esta entrada: "nadie está obligado a leer lo que escribimos". Por eso tenemos un enorme desafío por delante cada vez que decidimos actualizar nuestro blog. Lo principal es la dedicación y el esfuerzo. El buen contenido no cae del cielo; hay que buscarlo, crearlo y construirlo. Para todo lo demás, ya tenemos miles de páginas en Internet.

Hacia dónde va el contenido audiovisual

Actualmente somos testigos del auge indiscutible de los videos en la web. Portales como YouTube o Vimeo, con millones de usuarios y muchísimas horas de contenido audiovisual confirman esta sentencia. No voy a entrar en el tema más allá que para darle la razón: este tipo de productos es uno de los más virales, más compartidos, más vistos y que mayor expectación provoca. Estamos acostumbrados a la televisión y al cine, y el nuevo formato de video on-line se está abriendo camino entre todo lo demás.

Me voy a quedar con una parte de la discusión: la duración de ese contenido. Liz Shannon Miller[64] cuenta que la tendencia actual es a que los videos en la red tengan una duración mayor que hace 5 años. No hay que ser experto para decir que la misma tecnología y velocidad de acceso a Internet ha permitido que esto ocurra, porque cada vez cuesta menos acceder a este tipo de contenidos, en tiempo de carga y en calidad. Hasta hace poco, cualquier video que durase más de 5 minutos, no era viable en cuanto a mantener la atención de los usuarios.

Actualmente, siguiendo la corriente de los últimos 2 años, se están produciendo cambios en esa concepción: la elaboración de contenidos especiales para la web (series, webcasts, tutoriales, etc.) están superando las medias de duración predominantes y están alargando el tiempo que los usuarios pasan frente a la pantalla de su dispositivo. Y es precisamente en esta última idea donde radica el éxito creciente: el usuario decide cómo y dónde ver el contenido (smartphone, tablet, portátil, etc.), lo que confirma el fin de la era de las masas y la vuelta al usuario individual, con voluntad de decidir y con ganas de ejercer su derecho a comunicar y comunicarse.

Así y todo, tengo mis dudas en cuanto a la efectividad de contenidos de mayor duración. Es evidente que un mediometraje, un documental o algún contenido especialmente bueno tendrán audiencia independientemente del tiempo que duren. Pero el nacimiento de una red como Tout, que lleva la filosofía del texto breve de Twitter al mundo audiovisual y la posibilidad de compartir videos de 15 segundos con otros usuarios, me hacen pensar que cada vez buscamos más lo rápido, lo eficiente, lo conciso, la precisión… Más aún teniendo en cuenta que estamos infoxicados (ya lo hemos dicho varias veces) y no somos capaces de procesar ni un cuarto de la información que se nos ofrece a diario a través de todos los canales posibles.

Me gusta el concepto de Tout y la búsqueda de la eficiencia, no en el sentido de productividad, sino en cuanto a que somos usuarios sometidos

---

64   http://gigaom.com/author/lizlet/

a múltiples estímulos y debemos satisfacer nuestras necesidades básicas de información de la forma más sencilla y rápida posible. Con esto no quiero decir que el contenido tratado en profundidad no tenga cabida. No, al contrario. Creo que es indispensable que exista, pero no apostaría yo porque fuese el formato predominante en este mercado en el que estamos inmersos. Si tuviese que apostar, lo haría por el formato breve, por el impacto rápido e inteligente, por el aprovechamiento al máximo de esos 15 segundos para exprimir la oportunidad de atraer al público hacia otro tipo de contenidos más extensos. Ahí está su punto de equilibrio...

No sé por qué me inclino a pensar que Tout (o cualquiera de sus versiones similares) podrá ser el Pinterest del vídeo si las empresas (grandes y pequeñas) saben sacar partido de esos "15 segundos de fama". Podría ser extrapolable el éxito de las imágenes compartidas hacia contenido audiovisual de corta duración siempre que se hiciese con calidad, sinceridad, humor y atractivo hacia los potenciales clientes. ¿Están las empresas preparadas para hacerlo? ¿Lo estamos?

COMUNICACIÓN

El efecto social

"Unlike email, messages on social platforms are accessible to the entire team in real time, eliminating all the to-ing and fro-ing to get everybody on the same page. Even better, on social platforms, communications become content –forming a searchable archive that can be continually enriched with comments and additions by members of the on-line community"[65], afirman James Manyika, Michael Chui y Hugo Sarrazin en un artículo publicado en Harvard Business Review.

Si tenemos en cuenta el tiempo que individualmente se invierte en generar información, responder consultas y crear contenidos nuevos, la aglutinación de todo ese contenido en un entorno social puede hacer mucho más efectivo el uso del tiempo y la productividad de los trabajadores que, además de apreciar el sentido de comunidad, trabajan con un objetivo común, en un espacio común, que otorga beneficios para todos quienes participan en él. Y no hablamos directamente de beneficios monetarios, que también los habrá en el futuro, sino en el ahorro de tiempo, en el establecimiento de una comunicación sostenida y constante entre los individuos lo que redunda, inevitablemente, en una mayor identificación con la empresa, la marca y/o el producto.

El trabajo en Social Media, si bien individual, genera una dinámica social dentro de la organización que repercute en su imagen pública y externa. Pero esa dinámica no surge de forma espontánea y requiere que sea dirigida por los líderes dentro de la organización hacia un camino en el que puedan participar y aportar todos los elementos que la conforman. "Leaders will have to role model the use of these technologies, explain how to use them to drive value, observe success stories and help them to scale up to the rest of the enterprise", agregan los autores. Si los esfuerzos se encauzan por el camino adecuado, los resultados podrían ser más que positivos. Pero si la iniciativa no viene desde las instancias más altas dentro de la organización y, además, los esfuerzos particulares se suman en un mar de burocracia y desinformación, todas las motivaciones individuales desaparecerán, haciendo cada vez más difícil el establecimiento de una cultura social generalizada dentro de la empresa.

Pero no solo debe cambiar la actitud al interior de la empresa en cuanto a la ejecución y puesta en marcha de los planes, sino que se deben internalizar las nuevas formas de comunicación y los cambios paradigmáticos que el Social Media ha provocado en la posición de unos y de otros dentro del proceso comunicacional. Las relaciones con los clientes deben dejar de ser crípticas y secretas, y abrirse a los nuevos espacios sociales de conversación, porque tal como dicen Manyika, Chui y Sarrazin, el contenido que se genera es un auténtico tesoro no solo para la comuni-

---

65   http://blogs.hbr.org/cs/2012/08/social_medias_productivity_pay.html

cación presente y futura, sino también para otros factores tan importantes como el posicionamiento, la credibilidad y la transparencia.

Además, se debe aprender a escuchar más, a pontificar menos y, sobre todo, a dejar de lado una posición superior, al menos de forma evidente. El usuario como tal es la fuerza que mueve a la organización. Sin el cliente, no seríamos más que otro terreno baldío. Esto tampoco pone al cliente en un lugar de privilegio por encima de las empresas, pero sí le otorga el valor que él mismo demanda: ser parte del proceso, comunicar, ser escuchado, ser reconocido y sentirse como un elemento de valor dentro de la relación. Y así debe funcionar la nueva dinámica: el poder es compartido por ambos en un entorno social igualitario y democrático, donde las organizaciones no son entes intocables y omnipotentes, sino que se han convertido en un actor más, a la misma altura que los demás.

Si bien es cierto que este proceso es duro y hay que asumir una serie de pérdidas intangibles en cuanto a la imagen y predominio del sistema empresarial, es absolutamente necesario adoptar esa nueva consciencia social y ponerla en marcha para sobrevivir en este nuevo escenario que han generado las herramientas de comunicación. Por ello, las empresas que ejecuten de buena forma los pasos adecuados para integrar esa actitud social y las herramientas de Social Media dentro de los procesos habituales al interior y exterior de la organización, tendrán muchas más opciones de ampliar su cuota de mercado, de adaptarse a las necesidades cambiantes de los usuarios y a las exigencias cada vez más altas de un mercado más inteligente, informado y menos fiel que el de hace algunos años.

¿Cómo llegar a los usuarios?

-Oye, tú que sabes de eso del Internet, dime qué necesito para estar en Facebook.

Sí, como lo leen. Y lo peor es que esa pregunta me la han hecho más de una vez. Resulta legítimo tener interés en saber y, sobre todo, en adentrarse en el mundo del Social Media; pero es verdad, también, que hay que hacerlo con criterio y no simplemente por seguir modas.

Más que la acción social, que es muy importante, lo que realmente interesa adoptar es la actitud social, esa que nos convierte en los seres sociales que deberíamos ser: entes capaces de escuchar y de interactuar con un entorno multicanal de iguales, en variadas plataformas y atendiendo a todos y cada uno de los lenguajes. Efectivamente, no te sorprendas: el canal altera el lenguaje y este se adapta al canal. Compartir el mismo contenido en múltiples sitios está bien visto, pero hacerlo todo de la misma forma, es uno de los errores más comunes que podemos cometer.

Lo anterior se basa en estrategias de comunicación básicas, de libro de texto de primer año de cualquier estudio profesional sobre el tema; pero, sobre todo, se basa en el sentido común de que el público de las distintas plataformas es, en suma, diferente. Y espera a ser atendido de forma distinta. Es evidente que si intersectamos las redes sociales en las que nos desenvolvemos, habrá un grupo importante que esté presente en todas o en casi todas; no obstante, hay una buena porción de usuarios a los que debemos llegar de forma certera y directa, hablando en su propio lenguaje y adaptando nuestra estrategia a su posición en el sistema.

Aprovecho de enlazar la idea de sistema. Lo que describieron las teorías del siglo pasado es, en buena forma, lo que está ocurriendo con las redes sociales e Internet, un entorno de relaciones y comunicaciones que se entrelazan en un sistema cada vez más complejo. Cada nuevo miembro del sistema lo alimenta, lo modifica y lo hace más grande. Lo mismo ocurre con las acciones emprendidas dentro del sistema. Pero ese sistema, si bien es la suma de todas las partes que lo componen, también es verdad que está aspirando a una marcada individualización en respuesta a los años de masificación social.

Hace pocos años, muchas de las ciencias y de las técnicas optaron por considerar a la sociedad como un todo sin forma, como una nube borrosa de individuos que, sumados, perdían toda característica propia y pasaban a convertirse en un ente común sin rumbo ni criterio. Curiosamente, los avances de la tecnología y las herramientas de Social Media han provocado una reacción en cadena a esa tendencia: hoy se busca la individualidad, la personalización, la cualidad que nos separa del resto (sin necesidad de que haya una separación real). No se trata de ser anti-sistema, sino de ser distinto dentro del sistema. Hoy una buena porción de los usuarios quieren ser voces, ser reconocidos, generar contenido, marcar tendencia. Y tenemos a mano las herramientas para hacerlo (solo basta con mirar la cantidad de "nuevos autores" surgidos de la mano de la autoedición).

Esa misma tendencia debe iluminar el camino que emprendan las empresas y quienes trabajamos como intermediarios entre ellas y los usuarios: la individualidad, el mensaje personalizado y la sensación de diferenciación será lo que marque los próximos años en cuanto a tendencias de éxito en la Red. El problema es que se está intentando manejar Internet de acuerdo a las leyes del mundo "real", sin tener en cuenta de que es un sistema propio con reglas propias, en el que los individuos tienes más a mano las herramientas para golpear la mesa, alzar la voz y hacerse notar. Las estrategias de marketing de hace 10 o 20 años tienen escasos resultados en la Web. Lo mismo ocurre con las ideas de publicidad on-line y una burbuja que se ha deshinchado sin estallar del todo. Quien consiga entender cuál es la diferencia entre Internet y la realidad, será capaz de manejar con éxito las acciones a futuro en la Red. Pero, obviamente, la respuesta no está en las viejas teorías, sino en las nuevas corrientes de pensamiento.

¿Cómo llegar a los usuarios? ¿Cómo hacer que me sigan? ¿Dónde apoyar mi estrategia? La respuesta está en ellos y en lo que tengan que decir. Y para ello hay que poner el ojo en la gestión de relaciones sociales, es decir, en establecer lazos con la comunidad de usuarios y aprender de sus experiencias con, desde y hacia nosotros. Si no damos espacio a generar conversación y aprender de ella, podemos poner todo el esfuerzo en la estrategia on-line sin ningún resultado. Por ello, hay que pensar socialmente y actuar en consecuencia. Más allá de Facebook o de cualquier red, hay que cambiar la manera en que nos aproximamos a la comunidad: no somos un muro de información ni un portal de noticias, sino que somos pares con una clara vocación dialógica y constructiva. Esa es la actitud, esa es la manera. Quien no entienda el mensaje es realmente porque no quiere…

El potencial económico del Social Media

En una conversación con unos amigos que se dedican al mundo del marketing, salió inevitablemente el tema del Social Media y la forma en que está cambiando los procesos no solo de relación con el cliente, sino en la forma en que se plantean las nuevas estrategias de cara a incrementar las ventas, posicionar la marca y aumentar la cuota de mercado. Conversación interesante, porque pude entender tres cosas:

1. Creo que, definitivamente, en España se está comprendiendo la relevancia del Social Media como elemento transversal y necesario dentro de las empresas. Si bien es cierto que, todavía, es muy paulatino y falta un asentamiento claro de esta perspectiva de negocio, se está conformando una base sólida, ajena a las alarmas de burbuja que muchos han anunciado, y que está poniendo el énfasis en los estudios de mercado, la comunicación, la publicidad, el marketing, etc.

2. Sin embargo, el paso se está dando poco a poco. Uno de ellos, director de marketing de una multinacional, se ponía como plan a futuro sentarse con "la persona que contesta los tweets" para saber cómo trabaja, qué percibe de los usuarios, etc., y hacerlo periódicamente para estar atentos a lo que se comenta en las redes sociales. Es verdad, la reacción no es la más rápida, pero al menos existe.

3. Por último, me di cuenta que la propia inercia de los usuarios, cada vez más propensos no solo a comprar por Internet (aunque las cifras sean menores que la de otros países de nuestro entorno), sino también a comparar, compartir, consultar, comentar y comunicar a través de las herramientas de Social Media, es la que ha provocado el cambio. Es cierto que los porcentajes todavía son muy pequeños, pero ya mueven millones de euros dentro de las ganancias de las empresas y sus posibilidades comienzan a alentar una mayor inversión o, al menos, un mayor interés por parte de los directivos.

"With consumers spending gobs of time in on-line communities (more than 1.5 billion consumers around the globe have an account on a social networking site and almost one in five on-line hours is spent on social networks), marketing departments have increasingly shifted their attention to social media. They're not only advertising and creating their own social sites, they're engaging with consumers, listening in on unfiltered conversations, and soaking up huge amounts of data on consumer behavior..."[66], dicen James Manyika, Michael Chui y Hugo Sarrazin en un artículo publicado en Harvard Business Review.

---

66   http://blogs.hbr.org/cs/2012/08/social_medias_productivity_pay.html

Y, efectivamente, el camino que describen estos autores es el que deben adoptar las empresas en el corto plazo, porque "el potencial de creación de valor que aportan las tecnologías de Social Media, cuando se utilizan para mejorar la colaboración y la comunicación dentro y fuera de las empresas, es el doble de grande que el valor que se puede generar a través de otros procesos a lo largo de la cadena", ha sido calculado por el Instituto McKinsey en billones y trillones de dólares.

Sin embargo, para poder participar en esas ganancias, las empresas no solo tienen que invertir en la aplicación y puesta en marcha de las tecnologías de Social Media, sino también deben integrarlas de forma natural en los procesos de su organización, de manera que su uso se convierta en una actividad cotidiana y no en una tarea a tiempo extra que solo genera rechazo. Si se consigue dar ese paso, las ganancias económicas y emocionales podrían eclipsar a las que generaron en el pasado otros procesos de relación y comunicación con el cliente.

Más que amigos

Estar en una red social y tener éxito, va mucho más allá del número de amigos, seguidores o "me gusta". Sobre todo cuando es un "accesorio" que ya tiene precio en el mercado y se intercambia por unos pocos dólares. No son pocos los que ofrecen el servicio y los que incurren en esta práctica. La reciente noticia que establecía que el 46% de los seguidores de ciertas marcas eran usuarios falsos (bots), creados con la intención de abultar las listas de seguidores, no demuestra otra cosa que la inutilidad de las métricas cuantitativas basadas en ese criterio.

Según la web de Whitestone Partners, hay 4 cosas que no se deben perder de vista:

1. La vuelta a los básicos (un objetivo, un plan y una medición de acciones).

2. Elegir el canal adecuado (blog, web, redes sociales, etc.).

3. Ofrecer buen contenido.

4. Centrarse en la venta como objetivo y no en el número de clics o de seguidores.

Si tenemos en cuenta lo que nos dicen, vemos la clara relación con un buen plan de Social Media: estrategia + contenido + perseverancia + objetivos reales. A partir de la generación de ese plan, desarrollado de forma profesional, se puede dar el siguiente paso: empezar a buscar el cumplimiento de objetivos y la consolidación del plan. La consideración de estos pasos objetivos nos mantendrán alejados de cualquier parafernalia que está afectando la percepción de lo importante dentro de esta labor, sino también está promoviendo objetivos cada vez más irreales, que lo único que hacen es generar una futura burbuja de la que ya hablan muchos expertos y otros que no son tanto.

En la web de Jeff Bullas, también podemos confirmar el dato: el 79% de las tácticas de marketing de contenido utilizadas en B2B correspondían a artículos especializados; el 74%, a Social Media, y el 65% a blogs. En la otra parte del gráfico, las revistas y los medios tradicionales ocupaban el 31% y el 30% de las preferencias, mientras que el contenido para dispositivos móviles apenas alcanzaba el 15%. ¿Por qué esta relevancia? Porque muchas empresas han descubierto el potencial de participar en la conversación. Coca Cola es una de ellas y está apostando no solo por crear buen contenido, sino está apostando porque ese contenido genere nuevos contenidos de las propias experiencias de los usuarios, convirtiéndolos en protagonistas activos de los valores que la propia empresa desea fomentar. La idea es generar reacción y están poniendo todo su esfuerzo en estos nuevos canales.

Igualmente, en Puro Marketing abordaron las razones por las cuales los usuarios no solo están dispuestos a comparar y buscar opiniones de otros consumidores antes de comprar un producto, sino también hay un porcentaje de ellos (el 80%) que está dispuesto a compartir esa información y que lo hace de forma habitual. Si se mira esto con cuidado, las empresas deberían darse cuenta de la relevancia de estar alrededor de esa información generada, e incluso de ser ellas mismas las que de cierta forma estén generándola. Mientras más estrecha sea la relación con los usuarios, mejores resultados surgirán de sus evaluaciones. Por el contrario, si se les ignora o no se dialoga con ellos, el resultado puede ser cercano al desastre. Y este fenómeno se hará más recurrente a medida que estos nuevos roles se vayan consolidando.

Volviendo a la idea inicial, el valor que tiene el número de amigos en una red no implica ningún resultado de éxito, mientras que un buen contenido (que está comprobado que es una herramienta indispensable en cuanto a posicionamiento SEO) y una conversación adecuada, aportan mucho mayor valor a un producto o a una marca. Por ello, la presencia en el Social Media debe estar basada en una estrategia clara y precisa; y la comunicación debe estar dirigida como un objetivo global, capaz de mostrar una faceta más humana, más cercana, más transparente y abierta a escuchar más que a generar ruido.

Comunicación V: la estrategia

Toca echar un vistazo a la estrategia general de comunicación on-line, aquella que aprovechará las ventajas que la web 2.0 ponen al alcance de nuestra mano para posicionarnos y conseguir nuestros objetivos, ya sea como emprendedores autónomos o como parte de una organización o empresa.

El primer paso para diseñar la estrategia es trazar los objetivos que guiarán nuestro camino durante todo el viaje. Es fundamental saber qué queremos conseguir con nuestras acciones, de lo contrario tenemos el peligro de caer en una suma de contenidos sueltos que aportarán poco o nada a nuestro plan. Serán esos objetivos los que nos iluminarán respecto de qué decir, cómo decirlo y a través de qué canales los haremos llegar a nuestro público, al que jamás podremos perder de vista. Encontrar y reconocer el nicho sobre el cual plantearemos nuestras acciones de comunicación, será el siguiente paso.

Teorías aparte, que además hay mucho material al respecto, uno de los pilares fundamentales que debe sustentar nuestro plan de comunicación en el entorno 2.0 es la conversación. Nuestra comunidad de usuarios debe ser y sentirse parte, o los perderemos. La sentencia parece fatalista, pero la fidelidad a las marcas ha cambiado, sobre todo en un mercado cada vez más diverso y competitivo. Ese espíritu de comunidad debe ser alimentado a diario, creando espacios de interacción y generando respuestas, construyendo una relación de confianza que permita su supervivencia y fomente la participación. Con las herramientas adecuadas de Social Media y los profesionales idóneos, la tarea no será compleja, pero requerirá una implicación transversal por parte de la empresa, individuo u organización que esté detrás, y una responsabilidad permanente respecto de los mensajes que se compartan.

La importancia del mensaje

Es indiscutible la relevancia que tiene el contenido, ya no solo por cuestiones estratégicas de posicionamiento, sino desde el punto de vista relacional: un mal mensaje nos puede costar muy caro en cuanto a confianza, reputación e imagen. Por eso, tal como decíamos en el párrafo anterior, la implicación transversal es un requisito fundamental para evitar este tipo de situaciones. Además de contar con un buen manual de acción ante posibles crisis comunicacionales, tiene que existir un recopilatorio de directrices en cuanto a qué comunicar y cómo hacerlo. Es decir, todas las posibles voces deben contar con una clara idea sobre el tono, la forma, los objetivos y las motivaciones que configurarán el contenido, el continente y el canal. Esto no es una forma de restringir la información o de coartar la motivación personal, sino que se trata de dotar de cohesión y coherencia al mensaje, independientemente del nivel del que salga.

Si la estrategia es conocida por todos, será más fácil responder ante la comunidad en los distintos escenarios de comunicación: redes sociales, web, blog, atención al cliente, etc., lo que facilitará la tarea de los encargados del Social Media y abrirá las puertas a una mayor participación de los distintos miembros de la organización, generando una mayor vinculación de ellos con su trabajo y una mayor cantidad de voces de cara a la comunidad de usuarios, lo que repercutirá no solo la generación de más confianza, sino que permitirá ampliar nuestro campo de acción y consolidar nuestra imagen corporativa o nuestra marca personal.

Entendiendo el valor de la comunicación dentro de nuestra estrategia global y dando los pasos necesarios para su ejecución, los primeros pasos ya están dados. El siguiente cometido es lograr que esa comunicación retorne a la empresa y se aprenda de ella. Los usuarios, así como el coro de las tragedias griegas, se han convertido en la voz del pueblo, en el reflejo de las emociones y el sentir de nuestros clientes. Recuperaron una voz que les había sido negada por las campañas unidireccionales que caracterizaron al marketing y a la publicidad de años anteriores. Ahora, cómo no, son ellos los protagonistas y los jueces (sin la connotación negativa) del juego en el que nos movemos, motivados por sus intereses y deseos, por sus necesidades y sentimientos. Su voz puede llevar a la cima o condenar al fracaso cualquier proyecto que no les tenga en cuenta o que no los haga partícipes de la conversación. Quizás resulta todavía demasiado apocalíptico, pero la expansión del componente social en los medios (la televisión, la prensa digital y los Social Media en general), nos hacen pensar que el futuro estará (si no lo está ya) en sus manos, razón de más para tenerles en cuenta y para escucharles.

Pensando en estrategias

"Lamentablemente la cultura empresarial de nuestro país [Colombia] aún percibe a las redes sociales como un elemento distractor y enemigo de la productividad, eso explica por qué en muchas organizaciones Facebook y Twitter están bloqueados"[67]. Así de cruda es la sentencia que publicaban en el blog Publicidad & Mercadeo. De algo similar nos reímos junto a las desgracias de los community managers en el capítulo dedicado al Humor 2.0: pocos entienden todavía que Internet y las redes sociales son mucho más que juegos y ocio, y que se han convertido en eficaces herramientas de comunicación, de negocio, de marketing y de recursos.

Esta misma ignorancia se puede aplicar también a las empresas (grandes, PYME o autónomos) que se lanzan a Internet solo porque les dijeron que había que estar, sin hacer ninguna evaluación o planteamiento de objetivos adecuados para el lanzamiento. Dolores Vela en su blog Social Media Strategies, se refiere a este tema: "Algunas PYME se lanzan a las Redes Sociales (Facebook especialmente, Twitter en algunos casos, LinkedIn y YouTube en pocos, y blogs en contadas ocasiones) sin apenas calibrar el impacto que pueda tener para su negocio y plan de marketing, si es que existe. A partir de ahí, cualquier cosa puede pasar…"[68].

Evidentemente, la técnica y las posibilidades de Internet han superado con creces la realidad de muchas empresas y organizaciones, convirtiendo el mundo del Social Media en un gran desconocido, incluso en un enemigo al que hay que evitar o combatir. Sinceramente creo que esto no ocurrió con la radio o la televisión, ni mucho menos con la publicidad brutal que desde los años 60 viene penetrando con fuerza nuestra vida cotidiana. ¿Por qué se sigue infravalorando su potencial? ¿A qué le temen: a su ignorancia o a un enorme potencial de comunicación?

Curiosamente, estudios realizados por Oracle y mencionados en eMarketer.com, determinan que un importante 62% de los usuarios busca información de la compañía y de sus productos en la Red. Entonces, si la tendencia claramente apunta a una demanda nada despreciable de contenidos, ¿por qué todavía hay dudas al respecto? El mismo estudio continúa con un 47% de usuarios que buscan comentarios de otros usuarios acerca de los productos de una empresa, y un 43% que entra directamente para utilizar los canales de consulta, para preguntas y para buscar las respuestas a sus cuestionamientos.

El mercado está abierto y, tal como deja ver Dolores Vela, se requiere una aproximación profesional a la estrategia de Internet: desde el plan-

---

67   http://www.revistapym.com.co/destacados/community-managers-colombia-chinomatico-o-profesional

68   http://www.socialmediacm.com/lo-mas-importante-para-una-pyme-es/

teamiento de los objetivos hasta el establecimiento de los canales adecuados para cumplirlos, pasando por la monitorización y la generación de contenidos precisos. Dejar al azar o en manos de gente poco preparada una parte tan importante como esta, es poner en peligro no solo la reputación de una marca, organización o empresa, sino la del propio modelo de negocio. Las redes sociales y las herramientas de Social Media en general tienen una relevancia vital en el futuro inmediato de su negocio y debe abordarse con el mismo cuidado y mimo que cualquier otra área de la empresa.

Los compañeros de Publicidad & Mercadeo acaban un artículo con una idea muy precisa y evidente, que hemos querido compartir con vosotros: "Piense en estrategias, no en herramientas. Un niño maneja las redes sociales... ¿Le daría la responsabilidad de su marca en las redes sociales?".

¿Cuánto cuestan los seguidores?

Quienes trabajamos en Social Media nos encontramos repetidas veces con una pregunta similar: Quiero tener muchos seguidores, ¿cuánto me puede costar? Y la respuesta no es tan fácil como puede parecer a primera vista. Si quieres tener una buena cantidad de seguidores, por pocos dólares hay "empresas" que aseguran unos 1.000 contactos. Su utilidad es, simplemente, la de abultar, pero la mayoría de esos usuarios son bots, entes falsos, y las empresas los están sufriendo en un porcentaje superior al 50%.

Pero en lo que respecta a los seguidores, la cantidad pocas veces es la respuesta. Sobre todo cuando nuestro plan de negocio se basa en un cálculo de conversión a ventas. En ese sentido, ocurre algo similar con las audiencias de televisión. Un programa puede tener 3.000.000 de espectadores, pero si la audiencia no está en el nicho de mercado que interesa a los anunciantes (habitualmente la franja de 18 a 49 años, como ocurre en Estados Unidos), el futuro de ese programa está muy comprometido. Bueno, en la Red podría ocurrir algo similar. Si tengo 1.000 seguidores, pero de esos solo 50 son realmente potenciales clientes, el resto no sirven de nada y la cantidad poco tiene que hacer a la hora de analizar la solvencia a futuro del proyecto. Una vez más, los valores absolutos no dicen nada.

De igual manera, si de esos 1.000 usuarios, el número de potenciales clientes es de 700, pero su vinculación con mi web es baja (escasa o nula participación, alto porcentaje de rebote, pocos usuarios que retornan, etc.), la conversión también puede arrojar resultados negativos. Tampoco sirve como valor absoluto. Por lo tanto, lo mejor para hacer un cálculo eficaz al respecto, es considerar una serie de factores que influyen directamente en las posibilidades de negocio: la participación, la calidad, la fidelidad, la capacidad de generar conversación, etc.

Por eso, y es algo que muchas empresas todavía no aprenden, al igual que es importante la captación de nuevos clientes o público, de igual manera es altamente relevante fidelizar a los usuarios recurrentes, motivándoles a volver una y otra vez a visitar nuestra web, comentar, conversar y participar en las distintas instancias que pongamos en marcha (posts, tweets, actualizaciones, etc.). Si no contamos con ellos, estaremos poniendo en juego un activo de altísimo valor. En Social Media es especialmente importante contar con esa comunidad de usuarios alrededor de nuestra marca o de nuestro producto; de lo contrario, los esfuerzos encaminados a establecer una relación estrecha con ellos habrán sido una pérdida de dinero y de tiempo.

Volviendo a uno de los valores fundamentales de la web 2.0, la participación y la interactividad son esenciales para crear no solo la vinculación con la comunidad, sino también para generar contenido y para motivar la proyección exponencial de nuestro mensaje. Un usuario contento vale muchísimo más que 1.000 dólares gastados en una campaña de publicidad. Y esa es una de las ventajas del Social Media: llegar a ese usuario contento es mucho más barato y más fácil que a través de otros medios, contando además que podemos dirigirnos a él de forma personalizada y, sobre todo, escuchar de primera mano lo que tiene que decirnos respecto de nuestra empresa o de nuestro proyecto.

Si contamos con ellos como aliados, será mucho más fácil comprender las necesidades y valoraciones de los usuarios. Si fomentamos su participación, el aprendizaje sobre el desarrollo de nuestro producto puede ser invaluable. Y si los invitamos a generar contenidos, sus aportaciones se convertirán en una fuente valiosa que no solo nutrirá nuestra comunidad y nuestra presencia el web, sino que también nos permitirá escalar puestos en buscadores y mejorar el posicionamiento de nuestro producto. Tal como lo veo, es una relación donde todos ganamos. Lo mejor, es que está al alcance de la mano y de cualquier proyecto.

La web 2.0 ha puesto al alcance de todos, un mundo antes únicamente reservado para las grandes corporaciones. ¿Cuándo comprenderemos que el valor de la comunicación directa con nuestros clientes es invaluable? La comparativa entre un plan de Social Media y una campaña de publicidad en cuanto al coste, deja a la segunda opción en una muy mala posición; y los resultados, en una y otra, pueden ser potencialmente similares, y con audiencias mucho mejor segmentadas. ¡Un tesoro!

¿¡Cuántos dices!?

No entiendo la obsesión con los números: las entradas diarias de un blog, el número de seguidores, de comentarios, de retweets, me gusta, etc. Sinceramente, no es un parámetro fiable para nada más que para despertar viejas pasiones de la ley del más fuerte. Pero nos enfrascamos en una competencia sin igual por tener más, por ser más, por acumular, en una concepción cuasi capitalista de una función social de Internet: la creación de comunidad, quizás una de las acciones menos cuantitativas y más cercanas a la calidad y a la calidez.

De hecho, me voy a aventurar y diré que, incluso, una comunidad excesivamente amplia puede ser contraproducente. En determinados casos, un número reducido de usuarios permitirá una mayor identificación individual de nuestros usuarios, con lo cual la interacción será más directa y eficaz, obteniendo una información más valiosa y de mayor calidad que con una encuesta multitudinaria con un muy escaso nivel de engagement entre el cliente y el producto. Las relaciones de cercanía beneficiarán a la comunidad entera y a los resultados que obtengamos de su actividad, generando una dinámica de confianza y credibilidad.

Pero cuidado, ese equilibrio ideal se puede romper con mucha facilidad, tal como ocurre en las relaciones sociales cara a cara. Un mensaje poco acertado, una imagen inadecuada o una actitud equivocada, pueden provocar un quiebre insalvable entre los usuarios y las empresas. Lo primero que debemos tener en cuenta es el reconocimiento del valor de la comunidad en sí misma, aparte de la marca o producto. Lo que define a la comunidad son sus usuarios y no sus preferencias o el producto del cual hablan; por el contrario, un usuario no adquiere o pierde calidad si bebe, fuma, utiliza o critica determinado producto, sino que su valor radica en lo que dice, en cómo lo dice y en el alcance de su voz. No olvidemos que detrás de cada pantalla o perfil social hay una persona, individuos dispuestos a ceder parte de su tiempo, de su espacio personal, de su experiencia y de sus preferencias, de forma gratuita y por su propia motivación. Las empresas se deben a sus usuarios y no al revés.

Una comunidad pequeña permitirá controlar mejor el ruido y las distracciones que se produzcan al interior de la comunidad. El hecho de ser un número reducido de usuarios, generalmente motiva a más personas a participar en la conversación, superando su natural timidez o su apatía ante determinadas audiencias. Se debe abrir continuamente la puerta a la participación, sin imponer ni rogar, simplemente abriendo los espacios para que se produzca el diálogo y se genere actividad. Hay que apelar a sus gustos y preferencias, a sus emociones, a lo que les motiva. Eso lo podemos saber con algunas métricas. Si sabemos jugar las cartas bien, la relación bidireccional se producirá de forma natural.

No obstante, esto no significa que las pequeñas comunidades sean mejores. Como siempre, todo es relativo. Dependerá del producto, del canal, de los objetivos y de los recursos disponibles para la gestión de esa comunidad. Una empresa no es mejor por su número de seguidores. Solo eso: tiene más seguidores que otras. Pero eso no necesariamente se traduce en una cuota de mercado más amplia o en un beneficio asegurado, sino en una exposición mayor que, dependiendo de cómo sea llevada, puede traer efectos positivos o negativos.

Si volvemos a la idea de que tratamos con personas y no con números, comprenderemos que las dinámicas sociales si bien se pueden aventurar, nunca se pueden dar por seguras. Un único clic puede cambiar por completo la percepción de los usuarios y hacernos pasar del primer al último lugar de la tabla en cuestión de horas. Por ello, la comparativa o la jerarquización que se basa en el número de visitas o en el de seguidores resulta mezquina, equívoca y muy caprichosa. Los números engañan por sí solos y requieren de un contexto social, emocional, comunicacional y de rendimiento, mezclando la calidad y la cantidad para obtener una idea más cercana a la realidad.

Cuantificar el Social Media o monetizar su desempeño, no hace más que restarle valor a su capacidad de vinculación y representación, a sus virtudes como canal de comunicación, a su potencial como fuente de información y a su utilidad para ampliar nuestros horizontes. Aprender esta lección puede ahorrarnos el estallido de una burbuja que, como todas, está alimentada por una concepción errónea de la naturaleza de la herramienta y del entorno en el que se utiliza: el Social Media no es la tabla de salvación ni convertirá en oro a los usuarios, pero sí generará corrientes positivas o negativas, dependiendo de las acciones que se emprendan y de la capacidad profesional de quienes en ellas actúen, hacia y desde nuestro proyecto (persona, empresa, marca, producto, etc.). Y eso, finalmente, no se debe medir en números…

La arbitrariedad de los rankings

Leo un estupendo artículo[69] de Jan Rezab, CEO y cofundador de Socialbakers, una compañía dedicada al Social Media Marketing y a las mediciones. En él, Rezab cuestiona el funcionamiento de Klout, principalmente, y de otras métricas que han surgido como referentes indiscutibles dentro del mercado. Pero tienen sus carencias...

La primera que Rezab plantea es el alcance de la medición de Klout, que sería únicamente real en cuanto a Twitter, porque en Facebook y Google+, por ejemplo, necesitaría del permiso para acceder a los perfiles de todos nuestros seguidores, lo que es prácticamente imposible. Aquí debo reconocer mi carencia absoluta de dominio respecto al funcionamiento del algoritmo de Klout y a la forma de medición que ejecuta esos resultados, pero sí tengo claro que casi siempre me resultan arbitrarios.

Hace poco leía que una de las formas de subir puntos en Klout era producir contenidos de calidad, para que fuesen multiplicados por la red. Pues en los eventos puntuales en que alguno de nuestros contenidos ha tenido una repercusión mayor, el puntaje de Klout no solo no ha aumentado, sino que ha disminuido considerablemente al "reducirse" nuestro alcance. ¿Acaso no resulta arbitrario que comparen mi puntaje Klout con el de Mashable? ¿Cómo se podría solventar ese problema? ¿Cómo es posible que haya usuarios que con menos seguidores y una participación menor, puedan tener una repercusión igual o superior que otros "más grandes"?

Volviendo a Rezab y acompañándolo de mi experiencia particular, ya me resulta sospechoso el poder otorgar puntos a ciertos usuarios para que su Klout aumente (y también el mío, entiendo, sino no comprendo cuál sería el incentivo para hacerlo), fomentando la cultura del "amiguismo", dejando atrás la objetividad. Y lo mismo pasa con las invitaciones para utilizar Klout que, si las envías (y los usuarios que las reciben aceptan), supuestamente afectan de forma positiva a tu puntuación. ¿No es precisamente este tipo de acciones las que nos deberían hacer dudar de su efectividad y transparencia?

Me encuentro por casualidad con otro interesante análisis sobre la medición que propone una necesaria separación entre la conversación generada y la experiencia (o fiabilidad) de quienes la generan publicado en Digital Policy Bloggers Network. Es decir, que siempre nos vamos a encontrar con el problema de la calidad cuando se trate de Internet, mientras el algoritmo no sea (jamás lo será, supongo) capaz de discriminar

---

69   http://thenextweb.com/socialmedia/2012/06/11/ive-seen-the-future-of-social-influence-measurement-and-it-isnt-klout/

el contenido y cualificarlo según parámetros que no son cuantificables: emoción, representación, valoración, etc.

Otro de los fenómenos que hace difícil la medición de audiencias en Social Media es que el público no es "pasivo" como en otros medios (prensa, radio, televisión), sino también que ese público no solo genera contenidos, sino que lo multiplica o reduce su repercusión. Y es precisamente aquí donde surge un problema de fondo: ¿cómo medir la influencia personal (el individuo) y la influencia contextual (dependiendo del tema sobre el que hable)? De momento, no hay ninguna herramienta que tenga en cuenta ambas a la vez, por lo cual nos encontramos con las limitaciones de cada una que nos impide no solo encontrar a las "personalidades" más sociables, sino a la que más y mejor contenido generan, las que producen mayor vinculación y reconocimiento, las que contribuyen al aprendizaje colectivo, etc.

Al final, lo mejor que podemos hacer es volver al consejo de las abuelas y las madres: "Hijo, todo en su justa medida". Klout es tanto una medición social como un juego de egos; una arbitrariedad como una fantasía. El peligro, y en eso hay que reconocer lo bien que lo han hecho, es que se han convertido en una suerte de ranking incuestionable que se tiene presente en el mundo en el que nos movemos. Pero no se puede confiar ciegamente en una evaluación subjetiva, llena de agujeros. Así como podemos desconfiar de las encuestas y manejar las estadísticas a nuestro antojo interpretativo, este tipo de jerarquizaciones también tienen ese tipo de fallos. Por eso no se puede creer ciegamente todo lo que Klout dice...

¿Se pueden cuantificar las emociones?

En medio del inicio de una campaña on-line, mi atención se centra estos días en la forma de medir el resultado de la misma. Si bien es cierto que el retorno de inversión (ROI) es una de las primeras acciones para verificar el impacto que ha tenido la puesta en marcha del plan de comunicación y acción, siempre me queda una extraña sensación de cuantificar en euros algo que involucra muchos otros aspectos: fidelidad, reconocimiento, captación, reputación e imagen, por mencionar algunos.

Tal como lo ve el cliente, son aspectos demasiado volátiles que cuesta comprender dentro del planteamiento de una inversión y ante una propuesta de presupuesto. No es primera vez que me ocurre en un caso así que al cliente solo le interesa la conversión económica y los otros factores pasan a ocupar un segundo o un tercer plano sin remedio alguno.

Pensando al respecto, y obviamente sin desmerecer el ROI como herramienta de medición, creo que el valor que pueden aportar esos "sentimientos" son, en el largo plazo, mucho más interesantes. El ROI es un paso fundamental en la valoración positiva o negativa de la acción, pero si la presencia de la marca o el posicionamiento de un determinado producto mejoran (datos que se pueden cuantificar en número de seguidores, comentarios, participación, usuarios únicos, páginas vistas, etc.), el efecto que ello tendrá en el futuro puede ser mucho mayor.

Resulta evidente que, al menos en el caso en el que trabajo actualmente (una oferta turística muy interesante), la conversión de esa acción en compra y reserva del paquete vacacional es el primer efecto esperado, el objetivo principal del plan de comunicación on-line. No obstante, si el sitio web es capaz de generar suficiente tráfico en cuanto a su contenido: imágenes, información, vídeos, noticias, experiencias, concursos, comentarios, etc., aunque no genere un retorno inmediato de inversión con la venta del producto, puede generar una posición de valor de cara al futuro: mejor posicionamiento en buscadores, una repercusión comunicacional importante de cara a futuros eventos, una comunidad de usuarios que participa y vuelve en la búsqueda del contenido de valor que se le ofrece, el efecto boca a boca, reputación corporativa, credibilidad, imagen, cercanía, etc.

No sé si me equivoco en esto, pero pensando a largo plazo, ese efecto me parece mucho más positivo de cara a una inversión, sin desmerecer en absoluto la consecución del objetivo primario: conseguir clientes de cara a las próximas vacaciones. Creo que ambas metas pueden y deben ir de la mano, y el resultado de la acción de Social Media debe ser entendida en esa globalidad y no en una cuantificación, a mi juicio, apresurada de un retorno inmediato (que, además, no alcanza a representar ni un 5% del retorno en caso de éxito absoluto).

Hago el paralelo con el tema de Klout que comentábamos en el texto anterior: no se puede medir solo una parte del impacto de una acción, sino que se deben buscar las herramientas y una aproximación holística para entender los resultados y darles el valor que ellos tienen. Si todo se ciñe a la recuperación inmediata de la inversión económica como norma para valorar el éxito o fracaso de un plan de comunicación, el proceso pierde mucho potencial y todo se reduce a una visión minimalista del Social Media: el resultado no solo debe ser monetizado, sino también se debe tener en cuenta la calidad y proyección, y debe contemplar, sí o sí, otros factores emocionales que pueden, en el futuro, ser mucho más interesantes a nivel de marketing.

La comunidad empieza desde dentro

Hace más de 3 años, una de las empresas con las que colaboraba, decidió dar el salto y transformar toda su presencia on-line en un portal, con vistas a crear una futura red de usuarios sólida, avalada por su prestigio y calidad profesional, y con ello fidelizar a un mayor número de clientes y posicionar mejor sus productos en el mercado. La apuesta, tal como funcionaban las cosas dentro, era un riesgo capital.

Si bien es cierto que el arranque no empezó bien, porque había ciertos problemas con la concepción de la idea en sí misma, uno de los primeros pasos que dieron fue profundamente inteligente: convertir a sus propios recursos humanos, a sus trabajadores, en líderes de opinión dentro de esa futura comunidad a través, en la primera etapa, de sus perfiles profesionales públicos, de blogs y de las redes sociales.

El golpe de gracia, que en principio no fue bien recibido por muchos de los trabajadores porque implicaba una carga más dentro de su agenda de trabajo, terminó por darle la razón a la empresa: la comunidad funciona bastante bien y son los mismos reacios los que sienten casi la necesidad de participar en la comunidad, de interactuar con los usuarios y alimentarse del aprendizaje colectivo que, inevitablemente, surge de este tipo de iniciativas, más aún cuando el nivel de conocimientos y experiencias que aportan unos y otros es de primer nivel (altos cargos de empresas, expertos en distintas materias, profesionales de buen poder adquisitivo, etc.).

¿Por qué ese éxito? Porque en primer lugar, y en paralelo al desarrollo del producto, se contó con los trabajadores como los primeros componentes de esa futura comunidad, como la base sobre la cual se podría construir todo lo demás. Si bien falló la comunicación de estos objetivos al interior de la empresa –lo que probablemente hubiese redundado en un mayor apoyo por parte de los trabajadores–, el resultado se sobrepuso a lo que podría haber sido un estrepitoso fracaso: la comunidad vive y funciona, creando y manteniendo lazos con sus usuarios en un trabajo diario y muy profesional.

Tal como dice Pedro Rojas en Community management para Dummies: "Para obtener estos primeros seguidores, trabaja primero con los empleados de tu propia empresa. Cuantas más personas haya interactuando desde adentro, antes podrás alcanzar esa masa crítica de usuarios que te va a dar la oportunidad de influir en el resto de la comunidad. Gracias a tus propios compañeros de trabajo, resultará más fácil dar a conocer la marca, los servicios o los productos de toda la empresa. Conviértelos en los mejores prescriptores de tus acciones y tendrás al resto de la comunidad prácticamente a tus pies"[70].

Si bien la premisa parece simple, hay muchas empresas que todavía no ven el potencial de sus propios recursos humanos para este tipo de proyectos. Pero, además de esa actitud por parte de la organización, también debe existir un interés por profesionalizar el proceso. ¿Cómo es posible hacerlo? A través de una buena formación de los trabajadores en el uso de las redes sociales, en el establecimiento de normas de conducta y su uso cuando se haga como usuario representante de la empresa; recibiendo el apoyo de los expertos en la materia, que podrán dirigir hacia buenos resultados los pasos que se vayan dando. El resultado, si se cumplen estas condiciones, podrían ser mucho más beneficiosos que dejándolo todo al azar.

---

70   http://www.amazon.es/Community-management-Dummies-Pedro-Rojas/dp/8432921645

ATENCIÓN AL CLIENTE

Atención al cliente 2.0

Abrir el Social Media a la atención al cliente no es tarea fácil, pero se puede convertir en una herramienta fundamental para una empresa de servicios.

En primer lugar, el blog se puede potenciar como una imagen de marca que, si bien mantenga las cualidades corporativas, puede generar una sensación de cercanía si se trabaja como una voz distinta a las campañas de comunicación habituales (publicidad). Su esencia es la participación y la información directa, pudiendo convertirse en un referente dentro de la estrategia.

En segundo lugar, las redes sociales son el canal abierto a los usuarios. Si se gestionan bien, generarán una comunicación directa que podrá resolver problemas, atender consultas y servir como referencia a la comunidad de clientes. Además, abre la posibilidad a nuevas formas de marketing, promociones y campañas de fidelización que motiven la presencia y la participación en las redes.

Parece muy fácil y lo es. Hay unos cuantos elementos que se deben tener en cuenta y otros pasos a seguir. La atención al cliente puede ser una herramienta eficaz dentro del plan de comunicación, mejorando la percepción que los usuarios tienen de los servicios prestados por vía telefónica y abriendo canales que faciliten la interacción entre la empresa y sus clientes. El coste es mucho menor que la apertura de un call center y la gestión puede ser más centralizada, mejor monitorizada y eficiente, obteniendo además resultados cuantificables en tiempo real.

Es evidente que no todas las gestiones se pueden realizar a través de las redes sociales, pero se pueden integrar una serie de servicios interesantes para el usuario: información, contacto, resolución de problemas puntuales, respuestas ante reclamaciones, interacción directa, etc. Todas ellas permitirán controlar mejor la comunicación que fluye desde y hacia la empresa, respondiendo con mayor rapidez ante posibles problemas que puedan afectar a la reputación.

Eso sí, nada de esto funcionará si la apuesta no es integral: un servicio a medias solo traerá problemas. La única forma de sacar provecho de esta acción es contando con un buen equipo especializado en redes sociales y con los medios adecuados (formación, hardware, software, etc.) para la adecuada gestión de este canal de comunicación. Pero, si eso se consigue, la apuesta de CRM + Social Media sería uno de los pilares fundamentales de la renovación del proceso de atención al cliente.

(Prestar) Atención al cliente

¿Hay alguien ahí? Desgraciadamente, es algo que se deben preguntar muchas personas después de dejar comentarios en redes sociales, foros o incluso en los buzones de correo electrónico de algunas empresas. Las respuestas, si es que llegan, pueden tardar varios días, semanas o incluso meses. Dos experiencias personales me han demostrado que, todavía, queda mucho camino por recorrer a la hora de la gestión de clientes en Internet.

A primeros de junio hice un pedido anticipado de un CD por Internet. El 15 de junio me informan de que el pedido está en camino por mensajería (de la rápida, la buena, la cara). Hasta ahí todo bien. El 30 de junio les informo de que no he recibido el pedido y no tengo forma de localizarlo (ni en la web donde lo compré ni a través de la empresa de reparto). No recibí respuesta. El 4 de julio volví a insistir... silencio administrativo. El 12 de julio envío 2 correos más para reclamar mi pedido y quejarme por el servicio de atención al cliente. Finalmente ese día me responden (cuando solicité la devolución del importe que ya me habían cobrado) y me dicen que "mi pedido está en alguna parte" y que procederán a enviármelo de nuevo para ver "si esta vez hay suerte". El 25 de julio recibí el pedido y, al día siguiente, el segundo envío. Les avisé de la recepción duplicada y luego de preguntarme a mí si sabía el coste de devolverlo a Alemania (a lo que respondí que no, aunque podría haberlo averiguado), me dijeron que me quedase con ambos. ¡Una mínima "atención" con el cliente!, un mes y medio después...

Mi segunda experiencia, ocurrió la semana pasada. Una de las cosas a las que dedico mi tiempo es a la gestión de unos cursos en una plataforma de e-learning. Como comenzaban las vacaciones, me pidieron que me hiciese cargo de otros cursos mientras los encargados estaban fuera. ¡Oh sorpresa! Correos y mensajes con más de un mes de antigüedad que habían sido ignorados por los tutores. Imaginaros que volvemos al colegio y tenemos una duda: levantamos la mano para llamar la atención del maestro o de la maestra y nos ignora varios minutos, varias horas, incluso días o semanas. Pues así mismo se sentían estos alumnos, adultos y profesionales, con mil responsabilidades más y que, además, están pagando por realizar el curso. En pocos minutos, contesté y gestioné más de 50 correos electrónicos con consultas.

Las empresas creen que por tener un correo electrónico o un formulario de contacto en su página web o en su blog, ya tienen el cielo ganado. Pero no. Además de ser un requisito mínimo obligatorio, lo importante es gestionar adecuadamente esas interacciones. Lo mismo se extrapola hacia las redes sociales y las otras herramientas de comunicación que tenemos disponibles en la Red. Su uso es voluntario, pero una vez en ellas, resulta indispensable hacerse cargo de cada mensaje, solicitud, comentario o pregunta que recibamos.

En mi época laboral en el mundo del telemarketing aprendí varias lecciones, pero la primera fue responder el teléfono al primer timbre. Esa idea de productividad debe traspasar las fronteras de toda gestión de herramientas de Social Media: los comentarios, mensajes, correos, etc. que nos hagan, deben ser respondidos en un plazo nunca superior a 24-48 horas. Incluso, en aquellos departamentos que son directamente de Atención al cliente (reclamaciones, postventa, información, ventas, etc.), la respuesta no debería superar nunca las 6 horas. El valor de la inmediatez es tan importante, que nos puede hacer perder un cliente o una venta en pocos segundos. Y es algo a lo que tenemos que adaptarnos, porque todos somos usuarios y todos apreciamos el valor de la rapidez en muchos aspectos de nuestra vida.

Si no prestamos atención a nuestros clientes, la amplia oferta terminará por otorgarles una nueva y mejor oportunidad. Lo negativo no es solo perderlo, sino que resultará casi imposible recuperarlo. Y un cliente nunca va solo, porque su decisión podría afectar a su círculo inmediato (que se amplía con las cualidades del Social Media) y eso podría generar un efecto "bola de nieve" que terminaría por minar nuestra reputación y nuestra cartera de clientes/usuarios. Recordemos que ellos son la base de nuestra actividad...

La experiencia del cliente

La atención al cliente es uno de los valores más apreciados por los clientes. En mis años de experiencia en distintos sectores, he escuchado el razonamiento de "prefiero X compañía solo porque ofrece un servicio de atención especializado y profesional, incluso aunque sea más cara que otras". La verdad es que nunca he creído tal afirmación al pie de la letra (sobre todo por el tema de costes), pero sí puedo comprender –porque yo lo he hecho– que una buena atención atrae más que otros factores involucrados en el proceso de compra o en la decisión de alta de un servicio.

Una de las razones por las que El Corte Inglés sigue siendo una de las más grandes marcas comerciales de España, aunque no necesariamente sea el lugar más barato, es el hecho de que persiste en la memoria colectiva el excelente servicio de preventa y de postventa (devoluciones y reclamaciones), cuando en realidad es un derecho que el consumidor tiene en cualquier tienda del territorio nacional. Y hay una o dos generaciones que tienen esa idea tatuada en su ADN.

Pero volvamos a lo nuestro. La atención al cliente aporta valor a la marca, eso es incuestionable. Pienso en el sector que más de cerca conocí en este ámbito, la telefonía móvil, y recuerdo la infinidad de bajas de clientes argumentadas por el pésimo servicio que habían recibido, ya sea en la tienda directamente o a través del teléfono. Por ello, siempre he apostado por un servicio profesional, exigente y de calidad, sobre todo en aquellos que utilizan las herramientas de Social Media, porque deben cumplir doblemente su función: un servicio de primer nivel que contrarreste la percepción que todavía se tiene de la comunicación a través de redes sociales como algo poco profesional; y, en segundo lugar, un nivel de eficiencia y rapidez altísimo, que derribe cualquier reticencia por parte de los clientes a utilizar estar herramientas como canal.

Si dejamos de ofrecer un buen servicio de atención, la fuga de clientes será inevitable. Y aquí cuento mi última experiencia particular: compré por Internet hace dos semanas un par de cosas en una tienda de DVD. La oferta era muy atractiva (50% de descuento), con lo cual el valor de la compra era estupendo. Hasta aquí todo bien. El primer paso, el reconocimiento de mi usuario como cliente me dio la primera señal de alerta. Creo que he comprado allí 4-5 veces y me he registrado como usuario cada una de ellas pidiendo que se recuerden mis datos. Pues nada, imposible. Otra vez todo el proceso. Pero eso es lo menos importante...

A los 3 días, recibo un primer correo tipo que dice que mis productos no están en stock (pésimo servicio de logística) y que han sido reclamados al proveedor, dato que a mí como cliente no me resulta relevante, porque sus problemas "internos" no son de mi incumbencia. Yo quiero mis productos y pago por ellos, por nada más. Si quiero literatura, también la puedo comprar (en otra tienda, por supuesto, para que me llegue a tiempo). Ayer, 10-12 días después de la compra, vuelvo a recibir el mismo mensaje de que no están disponibles los artículos que pedí y que han sido reclamados al proveedor. Todo igual, ningún cambio entre un mensaje y otro. ¿No ha pasado nada en una semana que pueda resultar más interesante?

Resultado: no tengo lo que he comprado, no me dan razones ni respuestas que me sean de utilidad, no tengo previsión de cuándo podré recibir el pedido o si lo recibiré, y tengo claro de que nunca volveré a comprar en esa tienda. Han perdido un cliente por la simple y sencilla razón de que su servicio de atención es una vergüenza. Así de importante es para mí este apartado.

En suma, historias aparte, es necesario que se tenga en cuenta que el factor cliente, sobre todo este nuevo perfil de cliente 2.0 que es menos tolerante y más exigente, requiere una renovación de las políticas de atención de las empresas, ya no solo abriéndose a los nuevos canales de comunicación (redes sociales), sino a generar toda una nueva política de acción y reacción centrada en el cliente, con un servicio de calidad y una capacidad de respuesta lo más inmediata posible. Como he dicho en entradas anteriores, esto no resulta ni tan complicado ni tan caro para las empresas. Simplemente requiere que haya una comprensión real de que las reglas del juego en la relación proveedor-cliente han cambiado y que debemos ajustarnos a ellas si queremos sobrevivir.

Poniendo el foco en el SRM

El SRM (Social Relationship Management o Gestión de relaciones sociales) es la integración natural del servicio al cliente y el Social Media, en respuesta a la creciente demanda de las comunidades on-line de información y respuestas en la Red. Y aunque haya quienes ya estén apuntando el fin de sus días, Facebook parece dominar el mercado sin nadie que, todavía, pueda hacerle sombra en las preferencias de conexión de los usuarios. Si atendemos a un estudio de Nielsen publicado el año pasado, los usuarios de EEUU permanecieron más de 7 horas y 30 minutos conectados a la red de Zuckerberg durante agosto de 2012, seguidos muy de lejos por AOL y Yahoo!, con algo más de dos horas cada uno.

La distancia es abismal y la evidencia es indiscutible. Por ahora Facebook se presenta como la red social donde debemos tener contacto con nuestros clientes. Esto, sin ánimo de hacer ninguna apología de salvación, sino constatando un hecho real y concreto: los clientes y potenciales usuarios, seguramente estarán conectados a Facebook y, de momento, no habrá mejor espacio para encontrarse con ellos que una red que favorece la comunicación bidireccional, que permite la integración de otras redes y que ofrece una cantidad de opciones para promover y gestionar esa relación. Twitter, la otra red en potencia, ofrece un servicio óptimo para las respuestas rápidas, pero pierde fuelle como posible fuente de futuras consultas. La permanencia de su información es breve y volátil, aunque se active un histórico de tweets.

Pero no vamos a hablar de canales, sino de conceptos. El SRM, tal como decíamos, es la suma de fuerzas o el punto de encuentro de dos actividades que se potencian de una forma natural y que persiguen un fin similar, al menos en alguna de sus aristas: un plan de comunicación on-line de la mano del Social Media y un programa de atención al usuario dirigido a una respuesta más rápida, permanente y eficaz, que no solo ofrecen una solución inmediata en conjunto, sino que también sirven como repositorio para futuras consultas, como vehículo de fidelización, como asentamiento de una futura comunidad y como grupo de estudio para futuras decisiones de empresa.

En este sentido, el potencial del SRM es necesario y eficaz. Su espíritu social traspasa el secretismo y la individualidad que tiñe todo el proceso de CRM (a lo que nos tienen habituados los call centers, por ejemplo) para adquirir ese carácter social, convirtiéndose en una herramienta nueva y poderosa en la relación con el cliente. En esta nueva etapa de la Atención Social al Cliente, se valora mucho más la individualidad del usuario, la humanidad de las personas detrás del servicio y una comunicación directa entre ambos, de persona a persona, evitando dentro de lo posible la pérdida de esa individualidad dentro de la masa. El actual usuario de la web 2.0 es activo, único, está dispuesto a escuchar siempre que se sienta escuchado, y tiene una vocación creciente por compartir y estar informado.

Por ello, este nuevo usuario mejora su propia versión como cliente y obliga (sí, obliga) a las empresas a reaccionar ante este cambio de dinámica entre ambos. De poco sirven las viejas estructuras en la construcción de la nueva relación entre usuarios y empresas, por lo cual estas últimas tendrán que poner todo su esfuerzo en modificar los procedimientos de atención al cliente y poner en marcha los planes de Social Media adecuados para su actividad, su presupuesto y sus objetivos. Esta decisión tampoco se puede generalizar ni masificar, porque ahora priman la individualidad y las propias diferencias, esas peculiaridades de cada uno que deben aprovecharse para establecer una relación transparente, basada en la confianza, la constancia y la conversación.

El SRM es una buena respuesta y no debemos dejarla pasar. El Social Media y todo lo que se mueve a su alrededor, pasa de ser una moda y se convierte en una realidad necesaria. Quizás no sea eterna, pero es el escenario sobre el cual se construirán las relaciones empresa-cliente en el futuro. ¿Te vas a quedar fuera?

El cliente social y la estrategia SRM

La cifra de clientes que habían utilizado canales de Social Media para ponerse en contacto con las marcas, se duplicó en apenas 8 meses (agosto 2011 - mayo 2012), representando ya el 36% de las gestiones que se realizaron en Gran Bretaña. Por otra parte, el 65% de los usuarios cree que los canales de Social Media son más confiables que la gestión por teléfono, opción preferida solamente por un 7% de ellos.

Las estadísticas son muy claras: el futuro de los departamentos de atención al cliente está en el Social Media, incluso en un país como España que está bastante más atrasado que otros en cuanto a la magnitud y necesidades de este tipo de servicios. Esto se ve avalado por el 40% de clientes que cree que el Social Media mejorará el servicio de atención, en comparación con un ridículo 7% que cree que lo empeorará (¿serán los mismos que prefieren la gestión telefónica?).

Si bien son los jóvenes de 18-34 años el grupo que lleva la delantera en cuanto a la preferencia del Social Media como canal de comunicación con las empresas (con una cifra que se pone entre el 44% y el 49%), los adultos y adultos mayores no se quedan atrás, alcanzando un nivel de aceptación que ronda el 30%. Pero la cifra más llamativa de todas, y que está muy ligada al ámbito de las emociones, es que casi el 70% de los usuarios creen que el Social Media les ha permitido "encontrar su voz", lo que sin duda repercute no solo en la forma en que se comunican con las empresas, sino en lo que son capaces de transmitir a través de este tipo de canales.

Tal como dice un informe elaborado por Fishburn Hedges y Echo Research, donde los call centers ponían barreras entre el usuario-cliente y las marcas, la comunicación a través del Social Media parece difuminar esas barreras y abrir más puertas, valorando la proximidad y la respuesta directa por parte de algún responsable. Y las empresas deben asumir la importancia que esto tiene para la generación de feedback positivo y negativo por parte de la comunidad, pero jamás deben ignorarlo.

La mejor forma de enfrentar este necesario proceso (¿acaso todavía dudabas de que era necesario?), es pensar en cuál es el objetivo global de la empresa y cuál es el que guiará la implementación de los canales de SRM con los clientes. Entonces, de la mano de los profesionales adecuados, se deben considerar cuáles son los canales más adecuados. Si bien es cierto que la respuesta más natural es Facebook, la red social o el canal elegido dependerán del público, el objetivo y la forma de gestión que se decida.

Lo importante, al final, es poner en marcha el proyecto, ojalá incorporando en él a todos los departamentos que se pueden ver afectados por el canal de atención al cliente (siempre tiendo a la transversalidad del servicio, pero la experiencia me ha llevado a confiar en una opción multidisciplinar, capaz de responder ante cualquier eventualidad), para generar un proceso integrador y eficaz en las distintas etapas del proceso.

Teniendo en cuenta la relevancia de un buen servicio de SRM, las marcas podrán no solo atender las necesidades y consultas del cliente, sino que a la vez estarán generando un clima emocional entre estos y la organización, lo que repercutirá sin duda en el futuro de la relación entre ambos. Es la suma del actual CRM y del Social Media la fuerza que llevará a las empresas a otro nivel de comunicación con sus usuarios. El futuro, como ya se ha dicho antes, está a un clic de distancia.

La atención al cliente a
través de los Social Media

El potencial de los Social Media en el mundo de los negocios todavía tiene mucho camino que desarrollar. A la estrategia comunicacional, estudios iniciales de mercado, establecimiento de una comunidad de usuarios alrededor de una marca y otras tantas acciones, sería muy interesante añadir el avance que han tenido las empresas para la atención al cliente a través de las redes sociales, la mejora sostenida de sus contenidos on-line, así como el acercamiento hacia los consumidores a través de blogs o campañas especialmente diseñadas para fomentar la identificación. Eso sí, siempre y cuando se piense bien en ellas: su diseño, puesta en marcha, objetivo y resultados.

Uno de los campos más necesarios y efectivos es el de la atención al cliente, un área que despierta más bien quejas y resquemor por parte de los usuarios: a todos nos ha tocado vivir alguna situación ridícula al llamar a un call center. Pero redes como Twitter o Facebook se pueden convertir en grandes aliadas para mejorar no solo la percepción de los usuarios en cuanto al servicio prestado, sino también hacia la marca o la empresa que está detrás.

Es fundamental que se entienda este tipo de herramientas como algo indispensable en los tiempos que corren. Sin embargo, si no se utilizan de buena forma, los efectos negativos podrían multiplicarse exponencialmente en la Red. ¿Cuáles son los pasos para gestionar adecuadamente un servicio de atención al cliente a través de las redes sociales?

1.   Crear un equipo en función de las necesidades previstas del servicio. Por una serie de temas contractuales, laborales, legales, personales y humanos, pienso en un equipo de dos personas como mínimo, aunque al principio parezca que no hace falta. Pero sí harán falta: ellos podrán no solo responder a las primeras y tímidas consultas a través de las redes sociales; también podrán generar contenidos para el resto de contenedores involucrados en las herramientas de Social Media de la empresa. Esencial es que la habilidad primera de los miembros del equipo sean las comunicaciones.

2.   Un proceso de formación en el que conozcan al detalle los procedimientos y servicios de la empresa: jamás deben sorprenderlos con apartados que no conocen para poder responder de forma rápida. Una de las primeras reglas es: responder en menos de 24 horas (ojalá incluso en las primeras 4 horas posteriores a la reclamación). La inmediatez es un valor agregado muy alto en este tipo de relaciones.

3. Las empresas que tienen servicios de atención al cliente en un call center, suelen tener un manual de procedimiento muy elaborado y preciso. Esta será una de las herramientas fundamentales de los CM que se hagan cargo de las redes sociales. Si no existiera previamente, tendrá que redactarse en conjunto con los distintos departamentos involucrados y consensuado entre todos. Se deben evitar a toda costa los cabos sueltos.

4. De igual manera, este manual debe contener la actuación en situaciones de crisis y la forma de abordarla dependiendo del grado de complejidad o de alcance que tenga. En cada momento, el equipo debe sentirse respaldado para actuar y tomar pequeñas decisiones: las grandes deberán ser asumidas por instancias de mayor responsabilidad.

5. Además del conocimiento evidente de los procedimientos, los CM deben recibir toda la información acerca de la empresa a la que representan, porque ella puede servir de base para argumentar en caso de que sea necesario. Esto, sumado a la evidente empatía (sobre todo en los casos de reclamación, quejas o directamente ataques por parte de los clientes) y el sentido común, permitirán tener un equipo preparado para enfrentar el día a día.

La inversión en equipamientos es muy moderada y, si se asume el desafío con seriedad y de una forma responsable, los resultados pueden ser muy positivos. Además, se puede hacer un muy buen registro de casos e incidencias para el futuro, apuntar los casos de éxito, hacer un seguimiento de los efectos de nuestras acciones y medir el grado de satisfacción mucho más fácilmente que en un servicio telefónico, por ejemplo.

Al quedar todo por escrito, el procedimiento de búsqueda (siempre que se cuente con los medios adecuados para su registro en una base de datos), será mucho más sencillo y eficaz. Y los efectos positivos no acaban aquí: los usuarios, en general desencantados con la atención por teléfono, suelen preferir otras vías que resultan menos intrusivas y donde pueden recibir respuestas inmediatas. Por ello, la unión de estos dos campos: CRM (customer relationship manager) + Social Media, además de convertirse en una apuesta 2.0 muy valiosa, puede ser una gran herramienta no solo para mejorar el servicio de atención y gestión de clientes, sino que permitirá, si es bien manejado como proyecto, un efecto positivo en la imagen de marca y en la reputación on-line.

La importancia del mensaje

Si de algo me ha servido mi experiencia profesional es para entender la importancia del contenido del mensaje que transmitimos desde distintos puntos de vista: como docente en la universidad (en cuanto a lo que se transmite y se consigue), como periodista (en cuanto a la intencionalidad y la información que contiene), en el mundo del telemarketing (en un servicio de postventa donde el mensaje era primordial para conseguir que el cliente entrante recibiese una solución) y en el ámbito del Social Media (como voz de una marca, de un proyecto).

Ha sido de vital importancia comprender en cada momento la enorme importancia que tiene un mensaje, una palabra, una frase. Es impresionante como un pequeño "detalle" puede cambiar por completo la percepción del otro y lo necesario que es tenerlo en cuenta para evitar los errores.

Ayer tuve un problema con el servidor donde tengo alojado este blog. Después de entrar en Twitter y ver que había algunos problemas con el servicio, vi que dirigían a los usuarios que reclamaban a la página de soporte. Fui a ella y no encontré nada para solventarlo. Entonces, volví a Twitter y puse un mensaje de reclamación. Unos cuantos minutos después, 3 usuarios más se hicieron eco de ella. Al poco andar, la empresa nos envía el siguiente y poco acertado mensaje:

"@xxxxx @yyyyyyyy @zzzzzzz Tenemos una inestabilidad dentro de la plataforma, nuestros técnicos están trabajando para solucionarla".

Y agregan en otro Tweet:

"@xxxxx @yyyyyyyy @zzzzzzz Les pedimos disculpas y les rogamos que contacten con nuestro equipo de soporte para que les informen".

Desacertados ambos porque el primero no aporta información del problema ni de su solución, el tiempo que llevará ni ofrece disculpas. El segundo, porque aunque pide disculpas, nos remite a los usuarios a realizar una acción para conseguir una respuesta.

En bloque, pedimos a la empresa que se pusieran ellos en contacto con nosotros. Nos pidieron los nombres de usuario y de ahí en adelante la cosa mejoró: cada hora enviaron un reporte de la situación y esta mañana volvieron a hacerlo, informando que se pondrán en contacto conmigo desde el servicio técnico.

Por ahora esto no ha pasado a mayores (a ver la respuesta que ofrecen), pero podría haber sido el principio de un problema más grave entre usuarios y empresa, simplemente por no pensar que detrás de un nombre en Twitter hay una persona que plantea una situación y que quiere una respuesta. Nada más. No necesito grandes especificaciones técnicas ni ofertas estupendas en compensación. Solo necesito que se me atienda de forma adecuada y una solución.

Y es justamente aquí donde el mensaje se convierte en la herramienta indispensable para convertir ese problema en una fidelización o crear una reacción en cadena que pueda derivar en un desgaste de la imagen y de la reputación de la empresa involucrada, con una crisis comunicacional que puede no ser fácil de enfrentar si no se tiene la experiencia adecuada.

La importancia del mensaje (II)

Siguiendo con el tema de la importancia del mensaje en atención al cliente que vimos en el texto anterior, donde comentaba lo que me estaba ocurriendo con mi servicio de hosting, todavía fueron capaces de demostrar su escasa habilidad de gestión comunicativa y un paupérrimo servicio de atención a sus usuarios.

Después de comunicarme con ellos por Twitter, recibí una serie de mensajes:

27 de marzo a la 1:57 AM. Buenas noches Tomás, en primer lugar pedirte disculpas. Seguimos en contacto con nuestros compañeros del dep técnico y te informaremos.

27 de marzo a las 11:35 AM. Buenos días Tomás, por favor enviamos tu nombre de usuario ya que el mensaje directo de ayer no se muestra hoy en Twitter. Gracias!

27 de marzo a las 12:08 PM. Muchas gracias Tomás, contactaremos contigo en el menor tiempo posible desde soporte técnico. Un saludo, lamentamos las molestias!

27 de marzo a las 4:20 PM. Buenas tardes Tomás, nuestros compañeros de soporte técnico te darán todas las respuestas. Lamentamos la incidencia sufrida!!

A esas alturas la incidencia en el servicio estaba solucionada, pero me parecía adecuado que si yo había presentado una queja, alguien se pusiese en contacto conmigo y la resolviese. En este caso, eso fue lo último que supe de ellos. Una semana más tarde, nadie me escribió ni me llamó y mucho menos supe de alguna compensación por la incidencia, tal como lo pidió otro de los usuarios a través de Twitter.

En suma, que no solo han manejado de forma errónea el servicio de atención al cliente a través de las redes sociales, sino también la propia gestión de incidencias. Han fallado también en la absoluta indiferencia de lo que se está comentando de ellos a través de Twitter, cometiendo un fallo esencial en lo que a Social Media se refiere. Y han dejado a un cliente (y a otros más) sin ninguna respuesta, lo que empeora su imagen y su reputación. Definitivamente es un caso de estudio claro sobre lo que no debe hacerse en un plan de Social Media, en un servicio de atención al cliente ni en una estrategia de comunicación. Un mal paso tras otro...

El cliente social y las crisis de comunicación

Me gusta el dibujo que traza Kunal Gandhi en Social Axis: "Hace 15 o 20 años, si estabas insatisfecho con un producto o con las prácticas empresariales de una compañía, probablemente hubieses dejado de comprarles. Podrías haber escrito una airada carta. Incluso, podrías haberle dicho a tus amigos o familia (como mucho, unas 25 personas) que no fomentaran su negocio. Hace 5 o 10 años, hubieras llamado a su plataforma de atención al cliente, haber hablado con ellos y es probable que tu queja haya quedado en nada"[71]. Así era, y debo decir que estuve en ambas etapas: enviando cartas con mis demandas y haciendo contrapropaganda –debo decir que con muy poco éxito– entre amigos y familiares. Más tarde, estuve en atención al cliente, recibiendo y solventando quejas durante largo tiempo. Tuve mi buena dosis de ello. Pero nada se compara a la situación actual...

No son pocos los posts que he dedicado a las ventajas que tiene la instauración de un canal de atención al cliente a través del Social Media: un blog informativo, redes sociales con agentes especializados resolviendo consultas, una monitorización de la conversación que se produce alrededor de la marca o el producto, y todo con un coste mucho menor al de los criticados call center. Pero hoy toca ver el lado menos amable de este servicio.

Como sigue diciendo Kunal, "Mientras puede parecer que un furioso tweet no tendrá mucho impacto, el poder del Social Media puede cambiar el curso del negocio, incluso para las grandes compañías. Lo bueno, es que las compañías están esforzándose por mostrarle a sus clientes que se preocupan por ellos, y lo malo es que viven en un temor permanente por esos focos de descontento". Y es que las reglas del juego, de verdad, han cambiado. Y entonces entramos en un terreno complicado entre los costes de estar o no estar en la Red. La respuesta es simple: estemos o no, la conversación sobre nosotros y nuestro producto existirá. Entonces, ¿no resulta mucho más interesante y atractivo formar parte de esa conversación? Aquí la teoría de "si no lo veo, no existe" ya no funciona.

Y así llegamos a la posibilidad de que se genere una crisis de comunicación. No es que Internet haya generado un nuevo peligro, porque estas ya existían antes y se producían generalmente por errores humanos o malas decisiones dentro de la organización. El asunto es que, gracias a la Red, la relevancia y alcance de esos errores se ha multiplicado y los efectos pueden ser todavía más devastadores que hace 10 o 20 años.

---

71   http://socialaxis.wordpress.com/2012/05/22/the-rise-of-the-social-customer-and-their-impact-on-business/

Alexis Akwagyiram, de BBC News, cita en su artículo Are Twitter and Facebook changing the way we complain?[72] una encuesta realizada a 2.000 personas en el Reino Unido. En ella se pudo ver que un 36% de los encuestados reconocieron haber utilizado canales de Social Media para contactar con las compañías. ¡Más de un tercio! Y si bien la mayoría de esas quejas provenían de un público joven, se descubrió que la nada despreciable cifra del 27% de ellos tenía más de 55 años. Son datos para tener en cuenta y asumir que las reglas del juego sí han cambiado.

Ante este bombardeo público, las empresas solo tienen un camino: responder con rapidez, transparencia y mucho cuidado, a fin de evitar que la crisis se extienda a otros usuarios y que acabe por convertirse en un problema que afecte seriamente a otros niveles de la compañía. Por eso, se hace necesario contar con una especie de manual de supervivencia que contenga los pasos a seguir y la actuación necesaria en cada estadio de la crisis, quiénes intervendrán en ellos y de qué manera lo harán. Sobre todo, lo importante es que haya una línea jerárquica directa y explícita, ya que la solución –si pasa a mayores– tendrá que venir de las más altas instancias de la compañía.

Es importante aclarar que no es competencia única y exclusiva del community manager, ni siquiera del social media manager. Debe ser una respuesta articulada por los departamentos involucrados y una responsabilidad compartida por todos los implicados, tanto en el proceso que generó la situación de crisis como en el que se produce la reacción comunicacional al interior de la organización. Esa será la única forma de enfrentar con éxito esta situación.

El cliente social está ahí fuera, listo para tomar la palabra y llamar la atención. Su motivación no es egoísta; al igual que un usuario llama a un call center para solucionar un problema, quien utiliza la Red para hacer lo mismo solo busca que se le escuche y que se le atienda como es debido. No es el enemigo y debemos volver a ganarnos su confianza y su aprecio. No es tarea fácil, pero todo está en manos de quien gestione este proceso. Y, como ya parece nuestro mantra, eso debe hacerlo alguien profesional y con experiencia, porque apagar fuegos no es una labor al alcance de cualquiera.

---

72   http://www.bbc.co.uk/news/uk-18081651

HUMOR 2.0

10 señales de que somos adictos al Social Media

Encontré este artículo de Rohit Bhargava en HR Communication y a mí me alegró el día. Lo traduzco, lo adapto y lo comparto. Veamos esas 10 señales:

1. Recibes alertas sonoras en tu teléfono cuando algo ocurre en Internet. (Follows, retweets, comentarios, etc.).

2. Tu tarjeta dice "Gurú" y no estás hablando de espiritualidad en India. (Sin comentarios…)

3. Utilizas términos de Social Media como verbos. ("Necesito instagramear esto").

4. Crees que no hay nada malo en scrbr plbrs sn vcls. (Sí, está mal y debemos utilizarlas todas…)

5. Respondes preguntas con "deberías leer el post que he escrito sobre eso…". (No, solo responde la pregunta).

6. Verificas tu puntuación Klout… siempre que puedes.

7. Eres un "alcalde" on-line (y el daño que está haciendo Foursquare a nuestros TL…)

8. Utilizas el botón "Me gusta" para marcar una posición sobre algo (ya sea una declaración política o para acompañar a tus amigos que se estrenaron como padres).

9. Usas el Social Media como una justificación para ser irracional (exiges ofertas y descuentos por la cantidad de lectores de tu blog, tus seguidores en Facebook o tu puntuación Klout).

10. Pierdes la cabeza cuando Twitter no funciona (¿Cuánto te afectó la última caída del servicio?).

No me cuesta reconocerme en al menos 6 de ellas. ¿Cuántas de ellas te identifican?

Lo que no es un Community
Manager (necesariamente)

Mucho se habla de lo que debe hacer un CM o de las cualidades que debe tener la persona encargada de los Social Media: sentido común, habilidad comunicativa, responsabilidad, organización, empatía, etc. Pero hay muchas características que se dan por sentadas en este perfil profesional que nacen de la confusión y el desconocimiento. Hay muchas habilidades que si las aporta el candidato o candidata, bienvenidas sean, pero que no son requisito indispensable para desempeñar este puesto de trabajo. Vamos a hacer un repaso de ellas:

1.   Un CM no es un informático. ¡No me canso de repetirlo! Un CM no tiene por qué saber reparar ordenadores, cambiar el tóner de la impresora multifuncional o crear una red interna de ordenadores en una empresa. Tampoco tiene que dominar los sistemas operativos, configurar el software o saber las razones que impiden al jefe enviar una foto adjunta de su hija a toda la familia.

2.   Un CM no es diseñador ni programador. Por más lógica y buen gusto que tenga, no tiene por qué saber utilizar todas las herramientas de Adobe, diseñar páginas web o programar HTML, Java, Flash, PHP y lo que haga falta. Tampoco sería obligatorio que supiese desarrollar APIs y manejarlas a su antojo.

3.   Un CM no es un experto en marketing. Si bien su función puede estar muy ligada a las funciones de ese departamento en una empresa y su visión debe tener cierto sentido acorde con el MKT (conocimientos básicos), no es ni de cerca una eminencia ni se debe esperar que lo sea. Si no, estaría ocupando otra posición en la empresa que, seguro, le reporta más dinero y menos dolores de cabeza. En caso de ser experto, probablemente sus funciones estarían más orientadas hacia el SMM o el Social Media Strategist.

4.   Un CM no es un ocioso. Pasarse el día en Internet, navegando por redes sociales, escribiendo tweets o repasando blogs no es puro ocio y máxima diversión; al contrario, es su fuente de información y su herramienta de trabajo. ¿Criticamos a la persona de recepción por pasarse el día al teléfono o a quien ejerce de jefe por ir de reunión en reunión? La jornada laboral de un CM no acaba nunca y quienes pertenecemos al sector sabemos que nuestra cabeza jamás abandona el on-line. Y si la red está activa las 24 horas, imaginad el horario de trabajo potencial que podemos tener.

5.   Un CM no es un friki. Celebrar discretamente cada retweet o nuevo follow o el último "Me gusta", enfrascarse en largas reflexiones sobre la necesidad ineludible de una presencia activa e inteligente en las redes sociales, desvariar respecto al papel de la comunicación en la web 2.0, relatar con pelos y señales las cualidades de cada una de las redes sociales, así como de los usuarios que suelen encontrarse en cada una de ellas, así como de la proyección de crecimiento que tienen; disfrutar con un buen post publicado, comunicarse con usuarios de todo el mundo, revisar las estadísticas diarias de su trabajo, comprobar el alcance de sus mensajes, leer incansablemente las últimas noticias del sector, alegrarse por subir puntos en Klout o en Alexa, o aplaudir con las orejas un buen comentario, no es ninguna rareza. El éxito en los Social Media puede llegar a repercutir en toda la empresa, así que no está nada mal celebrarlo. ¿Quién no pagaría por disfrutar tanto con su trabajo…?

Como digo siempre, un CM es esto y mucho más.

¿En qué se parecen un CM y los personajes de El Mago de Oz?

Al igual que los personajes que protagonizan la historia de L. Frank Baum –posteriormente llevada al cine por Victor Fleming con Judy Garland como protagonista–, un community manager tiene cuatro necesidades:

1.   **Un corazón**: Esta surge del valor que han adquirido las emociones y la necesidad de impactar a los usuarios en un nivel individualizado, más visceral, más humano, dejando de lado el sentimiento de masa deforme. Ya hemos hablado en numerosas ocasiones que los usuarios han pasado a ser protagonistas activos en cuanto a la recepción y a la producción de información, dejando atrás la pasividad a la que se le había acostumbrado con el concepto de marketing más clásico. Hoy cobra mayor importancia la personalización y la distinción de los usuarios, el respeto por cada una de sus diferencias y la inclusión de los mismos en la conversación, porque la comunicación dejó de ser lineal. Por todo esto, un CM necesita un corazón vivo, empático, abierto y sociable, capaz de escuchar y comprender a su comunidad, y de generar las acciones necesarias para crear y fortalecer esa relación. Un CM que no tiene corazón es un hombre de lata inservible, frío, poco empático y sin vida…

2.   **Un cerebro**: ¡No digo que no lo tenga! Pero sí está claro que se requiere mucha cabeza para diseñar un plan de comunicación y una gestión eficiente del Social Media, además de responsabilidad, organización y constancia. A la vez que se debe incorporar el componente emocional, nunca hay que perder de vista el lado racional de la relación con los usuarios, ni tampoco los objetivos planteados. Hay que saber reconocer errores, redirigir estrategias, adelantarse a los hechos; hay que estar atentos a la información que circula, a la que generamos y a la que omitimos; hay que visualizar el mercado en el que nos desenvolvemos y abrir puertas para el futuro; hay que saber escribir, redactar y persuadir, tener conocimientos de marketing, de atención al cliente, de gestión de recursos humanos, de formación… Hay que adquirir una voz distinta para cada proyecto de Social Media (no siempre trabajaremos para la misma marca), hay que buscar las diferencias con los demás y fortalecer las semejanzas. Hay que saber algo de idiomas o, al menos, lo suficiente para defenderse y poder acceder a más información; hay que aprender a filtrar contenidos, a generar nuevos y a impactar a nuestros usuarios para mantener su volátil interés. Son muchas cosas que, sin un cerebro bien puesto y amueblado, es difícil conseguir. Para que luego digan que cualquiera que sabe utilizar Facebook puede dedicarse a esta profesión.

3.   **Coraje**: Hay que ser valientes para dedicarse a esta profesión, que cada vez me demuestra más que no es apta para corazones débiles, para almas lánguidas y para espíritus dispersos. Esta actividad requiere esfuerzo, talento, fortaleza y consistencia. Requiere nervios de acero para manejar el estrés y para controlar con cuidado los tiempos, los plazos, para llevar las distintas acciones en paralelo y para que nada se nos escape. Hay que aguantar no solo los envites de nuestros usuarios, de los trolls o de los ociosos, sino también de los clientes y de las empresas para las que trabajamos. También de nuestras familias y de nuestros amigos, que muchas veces no comprenden nuestra labor y la infravaloran. Hay que tener aguante y templanza para explicar una y otra vez qué hacemos y por qué es relevante nuestra profesión.

4.   **Volver a casa**: Como Dorothy, queremos volver a casa. Pero muchas veces somos incapaces de desconectar y el Social Media invade todos los espacios de nuestra vida. Hasta en sueños se nos aparece. Tenemos que hacer el esfuerzo para dejar atrás el mundo mágico en el que nos desenvolvemos durante muchas horas al día y desconectar un poco de nuestro ámbito laboral. No es necesario juntar los tacones y concentrarse, sino marcar los límites dentro de los cuales nos moveremos en los distintos ámbitos. Pero seamos sinceros, siempre estaremos con el corazón puesto en el Social Media. ¡Somos así! Pero dejémonos, aunque sea de vez en cuando, volver a casa.

4 formas de hacer reír a un CM

Resumo cuatro casos, con base verídica y toques de fantasía, que seguro nos pueden identificar de una forma o de otra.

1. Un CM llega a las 8 de la mañana y entre todos los correos sin leer se encuentra uno de su jefe, enviado a las 3 de la madrugada, que parece sacado de los Exámenes infernales y que dice: "Crea un mensaje viral con las ventajas del nuevo producto y al final de la mañana me lo enseñas junto a los resultados".

2. Una CM recibe la llamada de un potencial cliente a las 10:30 que le dice: "Mira, tengo que entrar en Facebook porque me dicen que ahí está el negocio. Me han dicho que sabes tú como funciona este tema y mi empresa está muy interesada en apostar por esto. No tenemos mucho presupuesto y no queremos grandes cosas, pero ¿puedes conseguirme 10.000 "Me gusta" antes de finales de mes?

3. A las 11:18, otro CM recibe una llamada del encargado de personal. "Jorge, buenos días. Por favor, necesito tu ayuda: el ordenador de recepción no funciona y dice que hay un problema en el BIOS, al parecer, relacionado con el reconocimiento del disco duro y nos pide un disco de arranque. Como esto es lo que tú haces, ¿nos puedes echar una mano?".

4. Después de dos meses de arduo trabajo en la empresa, la CM es convocada a una reunión por el director de Recursos Humanos a las 13:00 horas. Allí le dicen que han recibido numerosas quejas de sus compañeros, ya que trabaja poco, y se pasa el día en Internet conectada a Twitter y Facebook. Le piden que cambie su actitud o tendrán que tomar otras medidas, incluso el despido.

Otras 4 formas de hacer reír a un CM

Seguimos con el humor para y por community managers (y para quien se sienta identificado o identificada).

1. Presentas el diseño de un plan de comunicación on-line. Te centras en los objetivos de tu potencial cliente, en la competencia, las características del mercado y lo que está ocurriendo en las redes sociales alrededor de experiencias similares. Le planteas sus necesidades y carencias, y la mejor forma de abordarlas dentro de la campaña para cumplir sus objetivos. Va todo bien y la presentación resulta un éxito. El cliente parece muy convencido de lo que dices y todo cuadra en su sitio. Al día siguiente te llama y te dice que la idea es fantástica, pero que mejor le publiques 5 cosas en Facebook, 5 tweets y le hagas 5 posts para el blog corporativo y, que según los resultados de la primera semana, ya verá si sigue trabajando contigo. Te rebaja el presupuesto a menos del 5% y el diseño lo lanza a la papelera. Está seguro de que con eso bastará para generar ventas. No te queda más que sonreír...

2. Recibes la llamada de un nuevo cliente: quiere que le hagas una página web, una tienda on-line y una plataforma de gestión de clientes para Internet. Le explicas que ese no es tu campo profesional. El cliente te vuelve a repetir qué quiere, insistiendo en que en tu página web dice que eso es lo que haces. En un tono algo más firme le explicas que tu labor está relacionada con la gestión de la comunicación y la reputación on-line. Te interrumpe y dice: ¿pero no es eso lo mismo que te estoy pidiendo? Respiras profundo y se lo explicas una vez más. Finalmente, te cuelga quejándose de que no es de extrañar que el paro esté como esté cuando la gente no está dispuesta a hacer su trabajo...

3. Te llega un e-mail que dice: "Quiero estar en redes sociales y quiero que mis clientes me encuentren fácilmente en Internet. Me han dicho que tengo que aparecer entre los primeros resultados de Google para que así sea y me han recomendado que hable contigo para que lo apañes. No tengo web y no entiendo Twitter. Facebook lo utilizo más bien para cosas personales y no sé mucho más. La verdad es que tampoco estoy muy puesto en esto de las redes. Mi empresa es una pequeña agencia de comunicaciones, pero tengo algo de presupuesto para mejorar esto. No sé qué hacer. ¿Me ayudas? Supongo que con lo que te he contado ya te puedes hacer una idea de lo que necesito. Gracias". Y piensas: ¡Claro! Un cerebro...

4. Llegas por la mañana a la empresa. Abres Outlook. Mientras se descargan los 150 correos (entre alertas, notificaciones y menciones, es lo que toca), abres el navegador para darle un repaso a las tareas del día. La página de Facebook da error y no carga; teniendo en cuenta

la temporada que llevan, tampoco te extraña. Acto seguido, Twitter no abre; YouTube, tampoco. Ni Vimeo ni WordPress ni Klout ni Foursquare ni Hootsuite ni Tweetdeck ni… ¡Algo raro está pasando! Llamas a soporte técnico y te dicen que reinicies el ordenador: años de estudios para eso, piensas… Por si acaso, reinicias, pero nada funciona. En eso, llama tu jefe y te dice que vayas a su despacho. Sin dejarte hablar, te comenta que la política de la empresa es apostar por el trabajo, por la productividad y por la eficiencia, así que no van a permitir que sus trabajadores pierdan todo el día en Internet y mucho menos recibir quejas por estos comportamientos… bajas la cabeza, respiras profundo y piensas: ¡Esto no puede estar ocurriendo otra vez!

3 situaciones de terror para un CM

Cuando la gente afirma con convencimiento que el trabajo de un CM es tranquilo, tiene parte de verdad. Pero no todo es andar sobre nubes... Como buen trabajo relacionado con el mundo de la comunicación y las relaciones humanas, a veces la realidad puede ser muy retorcida. Siguiendo con el tinte de humor de la semana pasada, y porque creo que es necesario que seamos capaces de reírnos de nosotros mismos, recojo tres situaciones que podrían alterar nuestros biorritmos en unos pocos segundos, sobre todo cuando uno hace todo lo posible por hacer bien su trabajo. Tragedia y comedia a partes iguales; ficción y realidad, con mayor proporción de la última. El ser humano nunca dejará de sorprendernos...

1. Mientras estás en el cine con tu pareja un viernes por la noche, tu smartphone empieza a recibir notificaciones de comentarios hechos en las redes sociales y en el blog de la empresa para la que trabajas. La vibración del aparato se hace insostenible, por lo que te excusas diciendo que vas al servicio. Según vas revisando los 143 mensajes nuevos, poco a poco el contenido de esos comentarios se va endureciendo hasta límites insospechados. ¿Qué está pasando?, te preguntas. Llegas como puedes hasta el origen de los mensajes. Viernes, 21.17 horas. En menos de 15 minutos la propagación superaba las dos centenas... Alguien compartió en Twitter un mensaje, pero ¿quién? La respuesta te golpea en la cara: tu jefe. Su tweet decía: "Al final va a ser que Hitler no estaba tan equivocado... ¡Cada uno a su país!".

2. Llegas el viernes por la mañana al trabajo. Es el primer día laboral después del lanzamiento en grande de la página web de una gran marca, con una fiesta en una de las discotecas de moda de la ciudad, donde bebiste algo más de la cuenta. Hay poca gente en sus escritorios, pero no quieres llegar mucho más tarde: llevas apenas un mes trabajando allí y todavía no terminas de coger la energía para aparecer después de la hora.

La campaña off-line que propusiste para apuntalar el lanzamiento de la web (como periodista que eres, además de CM) resultó un éxito y sientes que mereció la pena sobrepasar el presupuesto: rostros conocidos desfilaron por el photocall, la prensa se hizo eco del evento, invitaste a los usuarios más importantes de tu comunidad y la fiesta estuvo muy animada. La inversión merecería la pena... Te conectas a tu ordenador y comienzas a analizar los resultados de tan espectacular lanzamiento: 1 visita, una página vista y un porcentaje de rebote del 100% en todo el fin de semana. Suena tu móvil y ves el número del jefazo. Empiezas a sudar...

3. Trabajas para un importante cargo político en el ámbito regional. Dentro del departamento de comunicaciones, en medio de un proceso de "autolimpieza" motivado por el Gobierno central, preparas una campaña de transparencia de la autoridad para la que trabajas: entrevistas, acciones de comunicación, visitas, cuentas públicas... Incluso, tienes la gran suerte de que otro país le otorgue el Premio a la Gestión Transparente y haces gran alarde de ello a través de los medios.

Todo marcha sobre ruedas: la campaña on-line va estupendamente y la comunidad de usuarios, habitualmente crítica, se apacigua unos días y envía felicitaciones a través de Twitter y Facebook. La gestión es un acierto. A los 5 minutos, mientras disfrutas un café con sabor a satisfacción, las redes sociales empiezan a ver resultados: se multiplica la actividad en tus comunidades, te mencionan en Twitter y te llegan notificaciones de comentarios en otras redes. Sueltas el café y empiezas a mirar un vídeo de YouTube que se ha propagado: una noticia del canal de televisión más importante de tu localidad en la cual, al finalizar una reunión, la periodista le pregunta al político por el contrato que el Gobierno regional le hizo a la psicóloga María Portanova Calsas la semana pasada, prestando servicios de consultoría, y que se eleva a 508.530 euros. El político dice no saber nada del asunto y la periodista saca de la chistera un documento que certifica que es la mujer del político... El café se enfría, tratas de recuperar el aliento y Hootsuite colapsa. No será un buen día...

¿Cuál ha sido tu peor experiencia como CM?

AGRADECIMIENTOS

A todos los que habéis compartido conmigo posts, comentarios o tertulias acerca del Social Media, un mundo apasionante y agotador, pero al que volvemos siempre que podemos (si es que alguna vez lo dejamos).

A todos aquellos que habéis inspirado el contenido de este libro y, por consiguiente, de mi blog. Gracias por compartir vuestra sabiduría, vuestros comentarios, vuestras dudas y certezas. Es gracias a personas como vosotros que este mundo del Social Media se convierte en el mejor lugar para trabajar y para crecer profesionalmente.

A Ivor, como siempre, por acompañar cada uno de mis pasos. Su infinita paciencia cuando mi cabeza empieza a dar vueltas en mundos propios no tiene límites. Gracias por estar siempre conmigo.

A Pilar, porque siempre echa mano de ingenio y motivación para inspirar nuevos proyectos. Este libro le debe mucho…

A mis padres y hermanos, que aunque poco tienen que ver con este libro, siempre están presentes. No sería la persona que soy si no fuese, en gran parte, por ellos.

A mis amigos, que todavía tienen la gracia y la buena voluntad de preguntarme por mis proyectos. A ellos y ellas les agradezco su paciencia cuando la pasión me lleva a hablar de estos temas y de muchos otros.

A Tim Berners-Lee. No sé qué sería de nosotros sin ti…

www.ingramcontent.com/pod-product-compliance
Lightning Source LLC
Chambersburg PA
CBHW071423050326
40689CB00010B/1958